新自然主義

何必管別人怎麼看 反正也沒人看

精神生存的28個心理原則

諮商心理師 林仁廷——著

推薦序　一本人生的「障礙排除手冊」　吳承紘　6

作者序　過一天算一天？　8

Part 1

重新找回，對自己的正確評價

Part 2

情緒是老大，任性一下又何妨

Part 3

知道自己的弱，才知道自己可以勇敢

推薦序

一本人生的「障礙排除手冊」！

還記得當年剛進入應用心理系就讀，對心理學還是懵懵懂懂，還存在一些似是而非的觀念時，「普通心理學」一直是我在大一最喜歡的一堂課。在那堂課裡，我學到許多有趣的心理學理論、概念和學派，比方 Big Five 心理學派，和著名的史丹佛監獄實驗等等，得以一窺心理學這個雖然創立時間僅有百餘年，卻累積深厚知識的殿堂。

因此，即使畢業多年，很多東西都已經還給教授，但當年普通心理學上課的內容有許多都還深深烙印在腦海中，不但對生活和工作有著莫大的助益，更是人生路途上的養分。我一直很慶幸，還好自己當年念的是心理學，雖然直到現在還是對自己不甚理解，但至少心理學提供了工具和方法，讓自己可以更有系統或某些程度上了解自己，也了解他人。也是在當年系上，認識了這本《何必管別人怎麼看，反正也沒人看》的作者仁廷，能夠推薦他的力作，實在與有榮焉。

市面上很多勵志，或所謂的 Self Help 書，但仁廷這本《何必管別人怎麼看，反正也沒人看》我並不把它當成是勵志書，而是一本人生的「操作手冊」、或是「障礙排除手冊」。能夠全部讀完當然是最好，但如果工作繁忙，也可以先挑自己喜歡，或是遇上書裡提到的問題或障礙等章節先閱讀。

《何必管別人怎麼看，反正也沒人看》共分成三大篇，從自我概念開始談情緒和情感等現代人最迫切需要釐清的三大問題，我覺得是相當高明的安排。從這幾年的心理學類或勵志暢銷書，可以發現自我觀念和情緒是現代人最需要處理的議題，情感則更不用說是驅動人類最重要的要素，也是亙古的「長銷」議題。

作者仁廷從最新的心理學理論出發，輔以時事甚至是歌詞等生活化的例子，比方「想哭就到我懷裡哭」，深入淺出地談各種理論與現代人生活各種問題的連結，除了細細解說箇中緣由，給讀者釣竿也給魚吃。比方每個章節後會「Tips」提示等實用的小提醒，或是告訴讀者哪裡有資源可以運用，資訊量豐富，讀來卻是令人興致盎然。

也許一本書不會讓讀者立刻釐清所有千頭萬緒的人生問題，但這本書卻可以提出一個方向，或許因此走回原本的軌道，或走出另一條蹊徑也未可知。我想這就是這本《何必管別人怎麼看，反正也沒人看》最大的目的，也是仁廷殫精竭慮，獻給讀者的人生好禮。

前媒體人・《厭世代》作者

吳承紘

作者序

過一天算一天？

國一放學回家，夕陽西照，空蕩蕩的房子炎熱安靜，我突然感覺渺小，覺得人的一生跟其他生物沒兩樣，傳宗接代、生老病死，我只是眾數之一，少了我也沒差，倒不如別浪費地球資源。無意義感產生死亡意念，令人害怕。

我不理解發生什麼事，忍耐到母親返家抱著她哭，不明白那種虛無感，也找不到語詞表達。

既然不能理解，也就放著、壓抑著，繼續過著為聯考而被安排的制式生活，百般無聊，過一天算一天。

人生好難，無所適從

明明社會進步，生活更便利，人生為何還是好難？

因為人們受困經濟壓力、生活忙碌，累積的苦悶只能靠美食、聲光刺激、手機遊戲及偶爾住飯店的小確幸慰勞自己，然而心靈層次——我們看不見的部分，常常處於匱乏與混亂，就像蠟筆小新的媽媽美冴把所有雜物塞進壁櫥一樣，選擇眼不見為淨，卻不知道哪一天會爆出來，突然崩潰。

「自己的事要自己處理好！」社會教我們不要去麻煩別人（因為別人也不會處理），但沒有教該怎麼整理自己的需求及情緒，這些「苦」只能自己吞（壓抑），甚至認為「睡一覺起來說不定就好了」。

為了生存，人生三十歲前都是預備與訓練，跟著社會期待走。「性別角色」是早期求生工具的一環，男性為了掌握事物必須獨立與堅強，女性為了在關係裡被肯定而敏感他人情緒再決定怎麼反應。社會生存最終的標準是「賺大錢」，讓自己經濟穩定，完成生涯任務，得到成家、立業、五子登科的標記。這是「社會腳本」，讓每個人走的方向大致相同。

後來經濟轉型，社會要求個人分飾多角，要做好職業工作、性別角色與安份合群，人際相關領域的能力被擴大要求，以確認一個人是否成熟和社會化。接著網路時代來臨，資訊的質與量迅速爆開，觀念一直更新，傳統與新潮流互相衝撞，看似不要求標準人生，但其實人們很不安，太多選擇讓人無所適從，茫然地過一天算一天，人生好難又無趣。

熟悉遊戲規則，掌握自己的人生

那麼人的一生到底該怎麼過？如果用「遊戲」比喻，那麼遊戲目的是什麼？

主角又要具備什麼元素才能等級提升，完成任務。等級提升是「心理成熟」，而成熟來自社會經驗、工作學習、人際關係等項目，這些可不是過去社會裡「隨便吃、隨便長大」的概念，歷練需要外在學習與內在整理共同組合，才成為「心理發展歷程」。

心理成熟是活到老、學到老，因為每個人的身心發展、環境刺激、任務挑戰……，會產生不同結果讓自身變化、成長，例如年輕時人際衝突莽撞，到了中年變圓熟、大而化之，到了老年轉為智慧、教導他人……，這類人生發展的路徑，由心理學家艾力克森（Erikson）在一九六〇年訪問不同年齡層的人整理後提出《心理社會發展理論》。

艾力克森將人生分為八階段，每期都有心理危機與課題，渡過後就能更認識與掌握自己，逐步成熟、提升等級，自在做自己。當艾力克森九十歲，人生也真切走過一遭，於一九九〇年再修訂該理論，說明人的心理發展並非是直線路徑，過程中常會向後迴轉，是一個循環的圓，再次經驗先前的生命課題與遺憾。

人的心理像是一個擁有天然資源的無人島，類似走紅的任天堂遊戲《動物森友會》，玩家來到無人島白手起家，隨著事件發生與經驗值提升，發展出更多工具、結合各項資源，建設小島。在島上的隨機事件，會出現新的，也要再次探訪舊的，各種元素組合起來，讓專屬你的島越來越有完整性、豐富性與獨創性，此外，也能出海到別人的島交流，得到不同素材。這不就是人生寫照？人生像是不斷建造的遊戲，自己是主人，逐漸豐富內、外在，並與他人交流，而不至百般無聊。

回到現實，人生難在現實生存，無法像遊戲不計得失、不管利弊糾葛，踏入社會後若總是身不由己，非得要等到退休才要自在做自己，屆時身體就會老得不能動，來不及了。因此我們最好先熟悉人生的遊戲規則與工具，掌握自己的生活。

心理學家蓋爾・希伊（Gail Sheehy）於一九九五年提出「新中年主張」（**New Passages, mapping your life across times**），認為時代變遷讓人們的生命週期往後拉長，開創新腳本的第二人生會在第二成人期中發生。

一、成人準備期：大約在十八至三十歲之間，比以往時代都長，主要是大學普遍化，在學期間延長，人生預備期被拉長，同時心靈及內在需求也開始被重視。

二、第一成人期：大約在三十至四十五歲之間，這階段打拚事業、傳宗接代，讓自己符合社會期待的生存位置。傳統的社會腳本仍具有一定影響力。

三、第二成人期誕生：在四十五至八十五歲之間，人生劇烈變動，包括中年危機（身體機能衰退、關係失落、意義的追尋），不甘願再扮演社會要求的那個自己，開始想要打掉重練，迎來全新的自主。

第二成人期很長，直到死亡前都算，若能掌握，人的「自主性」與「整合力」將會變成黃金等級，當工具裝備、生產力、經驗值、關鍵事件都具備後，產生自我覺醒而等級躍進，不再嘤嘤唉唉手上的牌是好是壞，而能聚焦組牌技巧（截長補短的能力）及出牌時機（觀察情境做判斷）這些可以掌握的事，並以「創造」技能發展個人獨創的生命歷程。

心理面的工具越多元，人生就難不倒你

第二成人期的誕生，並非說進化就進化，而是要備齊相關條件促發它，促發心理成熟。那該怎麼做？首先，凡事不要逃避，我們得學習那些未知之事，或者再重新理解過往卡關的事。

舉「理財」這件事來說，最初不懂理財時，管理金錢只有一種選擇——「要不要存起來？」只有存或不存「二分法」的是非題；如果懂理財概念及工具運用，那麼管理錢的選擇會擴充數倍，他可以投資基金、定存、股票、外幣等⋯⋯，

增加很多選擇空間，變成「選擇題」。若再整合提升，將資金多角化經營、創業和投資自己，則更延伸成了發揮特色的「申論題」。

心理面也是這樣，當挫折讓我們對生活畏縮，又沒有新觀點及新工具應付時，往往會出現「沒有選擇，只能這樣了」的認命心理，也限制了我們的想像，而一旦放棄，後面就沒勁了。因此，我們需對心理面有更多層次的認識與整理，像提升理財觀念一樣，重新理解事物，喜歡自己的特質，當心理面的工具越多元，主動性越強，就會自己找機會創造和任何可能。

心理學談的並非矯正人心，而是談個人發展、自我實現的訓練。自我實現是指人都需要發揮自己的潛力，表現自己的才能，只有當人的潛力充分發揮並表現出來時，他才會對人生感到最大的滿足，脫離過一天算一天的心態。本書便是由此角度撰寫，引領大家重新認識自己的心理潛能，繼而掌握與享受生命。

林仁廷

Part 1

重新找回，對自己的正確評價

1 需要「自我中心」：先照顧好自己，再向外溝通

你會不會覺得你老是被問路呢？是不是你有什麼特殊魅力，讓問路的人都喜歡找你？並不是。事實上，問路的人挑選對象有諸多原因。

之所以你會這麼認為，是因為只計算到「自己被問路的數據」，並沒有觀看全景全局（所謂的上帝觀點），沒有參考他人也被問路的機率，用了「自以為所知的就是全部」的觀點做判斷，這就是「自我中心觀點」。

自我中心觀點＝先保護自己

「自我中心觀點」是兒童發展的重要里程，大約在兩歲以後逐漸成形，俗稱「兩歲豬狗嫌」（台語），這是人生第一叛逆期，以為知道的就是全部，而反抗大人格局的照顧觀點。兒童期的「自我中心」，宛如自己是太陽（恆星）一樣，其他訊息皆為行星，皆因他而轉，唯有這樣解釋，他才得以掌握生活的世界，才有安全感。

這時候不能說孩子是錯的，因生理限制了感官所能理解的經驗，超出理解範圍的便以拒絕接受的方式保護自己。此時若要孩子信服，需以孩子視角能理解的概念翻譯，例如不吃正餐會肚子餓，沒有力氣玩的「即時因果」而非跟他說營養學。

「自我中心觀點」生活常見，因為判斷資訊全來自當事人一己經驗，不需求證，尤其感受與情緒，也以主觀依據做判斷，等同「先保護自己或先照顧自己」。這個概念應用至「性騷擾的認定」就能明白，是否受到騷擾乃由當事人主觀決定，不舒服就是干擾，而非客觀行為或程度。

孩子入學後，大腦及生理條件成熟，同儕互動增加，社會關係發展了事物的相對性，產生「分享式注意力」——能與對方情緒同步和連結，當你傷心時我也會跟著難過；領會「人際知覺」——我開始意識到，我的行為也會對環境與周遭他人有所影響。孩子開始「情感交流」、「設身處地」及「溝通合作」，不再是一個人說了算。

「自我中心」不等於「自私」

「自私」，是以自己利益做唯一指標，做這件事或這樣反應是否對我有益，不顧是否損傷別人利益。「自私」被我們嫌惡，不是因為保護自己，而是在過程中罔顧他人、傷害別人權益，簡言之，自私超過了該有的份際和界線，他不管別人死活，他好就好。

很多人常以為「自我中心」等同「自私」，其實是誤會。「自我中心」如同前述，這個人在判斷某事的過程中是封閉的，只相信自己所見所聞，是先照顧自己的。

為什麼認知是封閉的？他可能社交人際有困難，無法判斷對方是真心或假意，另一種可能是掌管情緒的神經系統有狀況，無法理解社交中的言外之意。當訊息量不足時，我們會腦補，自我中心解釋，由大腦既存的資料庫賦予意義，完整那件事（例如：他不吭聲就是不要吧，算了，我還是自己走開以免自討沒趣），因而過度解釋、錯判情勢、擅自行動，繼而給人白目、冷漠、霸道或過於現實的觀感。

這類「非自私，卻自我中心」的人，並非不想和別人建立關係，只是不懂溝通，自我中心擅自斷定對方需要什麼，並「以此根據」行動，行為看似人際互動，其實只是單向，又認定自己為對方付出很多，但對方無動於衷，他感受挫敗和孤單，最後憤世嫉俗、人際退縮。

自我中心的人常被誤解與譴責，以致後來壓抑自己，不敢說出自己的想法，也無奈接受「自私標籤」。如此一來就慘了，反而干擾了自然的、正常的感受，就好比我們不斷矯正兩歲兒童的自以為是，到最後他乾脆就不說話了，被打壓的想法與情緒無處去，就會轉成身心症狀。

健康的自我中心，是學習取悅自己與保護自己

自我中心裡最強烈的兩種感覺是「性」與「攻擊」。「性」是關乎取悅自己，產生興奮和愉悅，伴有感情基礎的性在與對方融合時，生理連結會帶動心理連結，能穩定自我感。「攻擊」是關乎保護自己，是防衛生命、防止被傷害、捍衛信念、打抱不平及建立界線的警示訊息，能穩定安全感。

「自我中心」等同「自私」，是個大誤會！

「非自私，卻自我中心」的人，並非不想和別人建立關係，只是不懂溝通，擅以自我中心斷定對方需要什麼。

通常他是單向溝通，又認定自己為對方付出很多，但對方無動於衷，他又感受挫敗和孤單，最後憤世嫉俗、人際退縮。

如果這兩項感受都被壓抑了，心靈會遺漏重要元件，劃不出「界線」，而界線是定義自我概念（Self）的關鍵。如果長期壓抑，性變成無感，怒氣幾乎不被意識覺察，心靈會被扭曲的。然而，社會文化常壓抑這兩項，性被冠上羞恥，把發怒冠上沒教養。

如果「性的感受」錯誤使用了，將會：取悅他人而不是取悅自己，變成「我只是工具」；過於放縱，生理的性凌駕精神的靈與愛，當短暫生理的興奮消逝，會更感空虛與恐懼。如果「攻擊的感受」錯誤使用了，將會：害怕破壞而過度壓抑，委屈自己、順從他人，囤積負面能量導致身心症狀；過於放縱與衝動，會有同歸於盡式的破壞，事後感到後悔。

什麼是健康的自我中心呢？明白這是屬於自己的感受，重視它、為它負責，不輕易牽連他人，在這前提下「性感受」的學習是連結與享樂，「攻擊感受」的學習是表達與掌握，都能幫助我們建立人際界線與自我認同。

先保護好自己，再往外延伸

自我中心不是自私，不必怪罪或否定，只需調整就好，先保護好自己，也記得延伸出去了解別人的感受。健康的自我中心能照顧自己的感受，能分辨什麼領域屬於自己，什麼領域是人際互動。

「溝通」是避免過度自我中心的最好方式，多增加資訊的收集管道，審視自己如何判斷他人發出的訊息，根據什麼線索，是客觀依據還是自己揣測較多，如果是後者，試著多問幾句澄清疑問、調整落差，放慢判斷。多與他人交流，交換看法，也能增加不同的觀點，避免自己過早判斷。

TIP

健康的自我中心

健康的自我中心就是照顧自己、愛自己、做自己，然後也用這些方式對待別人。

2 需要「討拍」：請求他人安慰，相當自然

學生時代某科目期末小論文，我E-MAIL教授問初稿內容適切嗎？他回說：「我建議我們見面談比較清楚。」約定那天教授臨時開會未告知，我站在門外等了半小時。不過沒關係，教授主動約我，我猜是被肯定繼續談細節之意。

沒想到，他劈頭就說我用詞不當、定義不明，說他上課從來不用這個詞形容這類現象，這個詞是T大教授（他的死對頭）在用的，課堂上早已否定，講到激動處甚至懷疑我有沒有認真上課。

好吧，用詞不對無話可說，除了這個也該給點建議吧！沒有，教授絲毫沒有談到初稿寫的如何，令人懷疑他根本沒看。我強壓驚訝與受傷，心想不能白白聽訓，也該帶點什麼回去，便強裝鎮定、鼓起勇氣問教授：「請問老師，那初稿該怎麼修改呢？」教授停了下來，只說：「完全不行，這要從頭來過！」就沒有了。教授全盤推翻，約我來譴責用詞，然後莫名其妙結束，有這麼誇張的嗎？

誰能告訴我怎麼會這樣啊，教授專程約我來羞辱的嗎？我哪裡惹他了？不知道該如何闡述自己的感受，對方是教授，一直以為是自己哪裡做錯。複雜情緒撐了兩天才開始覺得生氣與委屈，覺得根本是教授個人問題（說不定開會不順遷怒我），可又覺得矛盾，期末還會相遇怎好賭氣。

我向朋友訴苦，強調教授如何誇張，而我又是多麼無助無奈，故事必須說得夠可憐才能被同情。

我向朋友訴苦不是要解決問題，只是希望有人傾聽與支持，因為這不是我的錯，但我無法直接說出「我沒錯，都是教授的錯」，只能講一段可憐的遭遇，把自己說得很悽慘、身不由己，以一種「討拍」的姿態。

「討拍」是希望有人撫慰、理解內心的苦

「討拍」是「需要被肯定、尋求慰藉」的意思，當我們挫敗、不知道自己做的是否正確、信心被打擊時，就希望從另一個人那裡得到肯定與安慰，拍拍我們說一切都好。

「討拍」是很自然的需求，希望有人撫慰、理解內心的苦。可是討拍不能刻意

或直接表達，社會認為這「羞羞臉」，他們說「你不能麻煩別人，要做好自己的事」，導致面對挫折哭了、輸了或束手無策時，我們都習慣先輕視自己，為何連這種事都不會應付。成熟被錯解為隱藏情緒、不能示弱、不能求助，導致原本自然的討拍、討抱、取暖，變成畸形的樣貌：「遭遇不夠可憐、不夠誇張，你就不夠資格討拍」。

「討拍」跟「抱怨」不同

抱怨的人不求問題解決，負面情緒越說越多，脫離了討拍「希望被慰藉以及再出發」的原本用意。

對抱怨的人可以這樣做：既拍拍他，也問他具體計畫，在情緒平靜後他打算怎麼辦，減低當事人過於倚賴感覺，提醒他回到現實面對困難。

討拍是隱藏在可憐故事裡的求援或撒嬌

「工作時我不過說了一句『業務好多喔！』就被老闆嫌不想做就不要做，一直說我白目⋯⋯，我沒那個意思但也不敢反應。我想他們一定非常討厭我的存在，因為我本來就什麼都做不好。唉！我覺得我⋯⋯（後面省略二百字）。」敘事僅兩句，後面都是自憐情緒與想像。

上例不是討拍，是「抱怨」，當事人任其可憐無助，卻沒有要為自己的現況負責。為何人們不喜歡抱怨呢？因為抱怨只是要同情，認可無奈與苦楚，當事人沒有要改變，沒有要脫離情境，不想付出代價，所以下次還會發生，也還會再抱怨，當事人只想轉嫁情緒倒垃圾。抱怨不求問題解決，負面情緒越說越多，也就脫離了討拍──「希望被慰藉，以及再出發」的原本用意。

過於自憐的討拍很像是抱怨，在說：「我什麼都不行，誰能來幫我呢？」他放空自己，幻想別人奇蹟發現與救贖。這可能是他過去累積的挫敗太多了，導致極低的自我形象，情緒敏感，看到黑影就退縮。

面對抱怨者最好的作法：既拍拍他，也問他具體計畫，在情緒平靜後他打算怎麼辦，減低當事人過於倚賴感覺，提醒他回到現實面對困難。

悲傷與憤怒交織的討拍

「誰能告訴我發生什麼事啊，教授專程約我來羞辱的嗎？」

悲傷與憤怒是交織的兩面，生氣後才出現悲傷，或者失落後才感覺憤怒。不論先後，悲傷和憤怒的面具下也是「討拍」。

悲傷在說：「誰知道我的委屈？」憤怒在抗議：「我做的哪裡不對？」當事人要的是同仇敵慨、安慰同理，期待聽的人給予肯定和回饋。我們可以只傾聽，接受就好，讓他的負面情緒有空間流動，不必為他解決問題，可進一步同理說：「天啊，這太奇怪了，我也以為叫你去是好事，結果卻相反，你一定很難過……。」或「原來如此，他怎麼可以這樣對你，難怪你會生氣。」允許對方無後顧之憂的傾訴，讓交織的悲傷和憤怒得到梳理，當事人情緒得到安置，思維就會恢復秩序，重新振作。

討拍有助釐清：我怎麼了、我要什麼

討拍是隱藏在可憐故事裡的求援或撒嬌，「討拍」本來就是很自然的人性，哲學家呂格爾（Paul Ricoeur）認為，一個人能「說」，也要有對象「聽」與「回應」，在一來一往中，他對於自己「我怎麼了？」及「我想要什麼？」會更清晰。先接納對方的討拍，給予安慰吧，待他獲得支持就會脫離防衛，騰出心理空間面對真正的議題。

倘若我們覺察到自己想討拍的心情，也不妨勇敢些，試著直接表達這個需求，不要繞圈不要扭曲，省去對方還要猜測「你究竟想要什麼」的心力，或許會意外發現，對方也期待著我們的坦誠。

TIP

如何直接表達需求

不妨直接表達需求，只要具體清晰，多數人都會接受的，例如：「我現在情緒很糟，可以聽我說幾分鐘嗎？」、「我很傷心，你的肩膀能不能借我靠一下……」。

3 需要「被期待」：對你而言，我是重要的嗎？

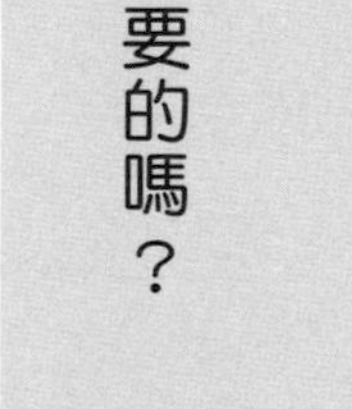

二〇一九年，日本電視台特集《實驗五十天看女性的臉是否會改變》在路上找了四位背景完全不同的女性接受實驗。製作單位特別安排她們過五十天不同以往的生活，觀察在設計過的環境影響下，她們給人的容貌印象有何改變。這四位女性分別為：

二十八歲的單親媽媽：獨自扶養兩個兒子，長期待在家，製作單位讓她到時尚雜誌編輯部工作五十天。

二十二歲的打工女生：個性內向不愛出門，被製作單位安排到湘南的別墅區．跟群體一起上有規律的運動課程，過著每天被大海包圍的生活。

二十歲的女大生：因被同學笑鼻毛外露，從此口罩不離身且自卑，製作單位安排她學義大利文，學習過程中被義大利男家教持續肯定、讚美。

二十八歲的單身ＯＬ：假日足不出戶、不愛打扮，被製作單位安排她戴上高價鑽石項鍊和戒指，環境調整只加上飾品而已。

五十天後這四位女性帶給人的感覺都不同了，結果如下：

單親媽媽從一個與流行無緣、穿著休閒便利服的人，變成走在東京街頭毫無違和的輕熟ＯＬ。原本因為生活壓力而疲憊的表情，也變得非常有元氣。

內向的打工女生結交到許多新朋友，開始享受各種海上活動。內向的她不只變得積極，連個性也開朗起來。

女大學生因為不斷接受讚美，開始對自己的臉有自信，不但願意拿下口罩，也開始化妝打扮自己，個性同樣變得開朗許多。

單身ＯＬ因為戴上高價飾品，為與之相配，開始注重自己形象，不但去了久違的美髮沙龍，也買了新化妝品努力讓自己成為配得上鑽石的女人。

起初，都需要被他人肯定

這四位女性的環境裡被安插了專業知識、運動與群體、讚美肯定、形象配合等因子，節目發現環境使她們潛移默化，改變了她們對自己的形象，做出「被讚美而有自信」、「被肯定性格也開朗」的結論。

肯定與讚美的環境很重要，然而為什麼我們很少主動安排這些讓自己改變呢？

因為社會說「好要別人誇，癢要自己抓」，這些受試者是節目邀請，他們被請託，被期許來參加，若是要他們自己安排，我想連開始都有困難。

除了社會期許，在心理發展上「自主意識」的萌芽，也是從他人對我們的反應開始。嬰孩從媽媽的眼睛裡看見自己是誰，這是心理學中的「客體關係論」，幼小心靈期盼強壯的照顧者給予回應，從他人的肯定中確定自己存在的重要性，並從中學習事情對錯及合宜行為。

孩子在未成熟前，因為他們能做的事較少，自信較低，是比較被動的。因此照顧者與孩子的親密關係（心理環境）非常重要，孩子被怎麼期待，要他學習並完成什麼，他的心中便出現「你期待我完成，你相信我能完成，我就能如此回應。」的設定，爾後發展出自主意識，選擇想做的事。這個歷程是：「被期待、被需要、被肯定，然後我就可以是我。」

我們希望孩子成為怎樣的人呢？想想二十年後的未來，把這個期待化為價值觀與具體對待，就能成為孩子路上的燈，引領他該怎麼做。別擔心這是不是操控，待孩子長大後，他還是會有自己的選擇。

肯定句和否定句，孩子聽起來就是天差地別！

孩子需要被期待，也需要知道「父母需要他」，親子之間的歸屬是雙向的，照顧者可以這樣說：「孩子，你不在家這幾天，我好想你喔。」而不是嘴硬：「孩子你死去哪裡，你不知道大家都在擔心嗎？」這兩句話看起來是表達一樣的事，但孩子聽到的結果不同，否定句阻隔了真正心情。

孩子需要被期待，也需要知道「父母需要他」

節目裡到時尚雜誌社及湘南運動團的前兩位女性，除了環境調整，其實還有「人際團體」改變了她們，融入團體彼此合作，交到新朋友，有歸屬感。

歸屬感，是感到自己隸屬一段關係，被期待著，同時也知道自己對對方有所貢獻。客體關係不是單向的，他同時也要知道「我的存在對你是重要的。」

被期待的孩子幾乎都在爭取照顧者的肯定與回應，他想知道有沒有幫上忙，而大人能做的就是給他機會表現，並回饋他：「你做得很好，幫了大忙。」別擅自認定孩子大了就會主動幫忙且做好，孩子需要讚美與肯定，而大人要給明確、能完成的步驟，有學習與練習才會更好。

孩子需要被期待，也需要知道「父母需要他」，親子之間的歸屬是雙向的，照顧者可以這樣說：「孩子，你不在家這幾天，我好想你喔。」而不是嘴硬：「孩子你死去哪裡，你不知道大家都在擔心嗎？」這兩句話看起來是表達一樣的事，但孩子聽到的結果不同，否定句阻隔了真正心情。

沒有被期待，便會往外尋找

節目中的女性都已成年，為何還是像孩子一樣需要他人的期待呢？因為亞洲社會很少重視「童年該被期待與肯定」這件事，以致即使成年，仍然要從最基礎的被肯定中彌補。

如果不被家裡或照顧者給予期待，孩子便會離家往外尋找，進社會尋覓。社會人際通常不是無條件的關懷，而是「有條件交換」，要得到別人肯定，就得唯命是從、優良績效或犧牲奉獻。能力強者以成就績效獲取認同，能力弱者則賣命勞動，以清潔打掃、洗衣煮飯、跑腿雜事交換被肯定，更甚者以性愛服務交換。沒有人想要被剝削，但人性「更需要被期待與歸屬」，因而甘願有條件但不公平地交換。

有條件交換不會永遠成立，一旦當事人耗竭或對方不再需要，再怎麼努力或不要命也沒有用，替換性當然高，好像「工具人」一樣。要提醒自己不要進入這樣的關係，若不是雙向彼此歸屬，而是深陷其中無法自拔，就一定要找專業協助。

TIP

可以尋找，也該被重視

你可以尋找被期待的某段關係，但請記得你也該被重視，雙向彼此歸屬，無可取代才是。

4 不需要「自己討厭自己」：討厭自己就無法決定任何事

「心理師，我感覺好糟……」案主開場只拋出這一句。

「怎麼了呢？」心理師知道案主在等他問。

「我覺得辦公室同仁都討厭我，連平常唯一比較照顧我的陳大哥今天也不理我，那種被排擠、沒人要的感覺好糟……」案主很沮喪。

「嗯，這樣確實很不好受。」心理師留了些時間給案主盡情抒發，接著問：「能不能多描述一些源由呢，我還不是很明白你發生了什麼事？」

「就，又來了，主管他們認為我的方案有問題，直接否決了。」案主說。

「嗯，那妳怎麼反應呢？」心理師問。

「我不敢說什麼，覺得不管有什麼想法都一定會被否定，結果什麼都沒說。」

心理師希望多一點細節，她說：「主管叫我重改，明明上次還可以現在又要我改，很沒有道理，覺得真的很討厭也不想改那麼多……。最後是陳大哥幫我改了，可是要浪費時間又浪費紙的，還是很不開心。」

「陳大哥有來幫妳啊，怎麼說他不理妳？」心理師說。

「不知道，平常我都會找他安慰，可是之後他就變了，都不太理我，臉臭臭的。打招呼時他很冷漠，我不敢問，可能我又做錯了什麼，好像要被拋棄的不好預感。」說著說著她甚至快哭了。

「有試著用 LINE 問問看嗎？說不定不是妳想的那樣⋯」心理師問。

「我有問他在生氣嗎？」案主說，「他說沒有，只是最近比較忙，可是我不知道要不要相信⋯⋯就連我都討厭自己啊⋯⋯。」

「自己都討厭自己」的心理

「自己都討厭自己」與自我中心觀點恰恰相反，後者是優先保護自己、他人觀感其次，然「自己都討厭自己」卻否定跟自己有關的一切，優先揣測他人觀感。我用的詞是「揣測」，因為當事人並沒有確認對方觀感是否為真，而是看到黑影就開槍自爆。先認定對方討厭自己，然後也跟著附和，過程中若觸發想法和情緒，也都先被「檢查員」擋下，不信任自己的價值和感受，覺得一定是錯的、不對的。

討厭自己的人，沒辦法生氣，也缺乏界線，一切以他人的感受為反應指標，對方反應了他才敢反應，被喜歡了才會開心，被討厭了則天崩地滅，他不想這樣，卻無法控制。討厭自己會否定自己產出的想法、情緒及身體感，只順從別人的情緒與命令。

上述案例還不至如此，她其實生氣，但也矛盾這樣生氣是否可以，內心天人交戰。心理師說：「他們討厭妳，不是真的。」她會說：「可是我感覺那是真的。」心理師說：「好吧，那是真的，那我們來想對策。」她立即就哭：「你看吧，我就知道真的被討厭了，我不知道到底要怎麼辦……。」

「自己都討厭自己」常常壓抑、貶低內在，六神無主。案主說：「我就是討厭我自己啊，我也不知道能怎麼辦。」她說不出話，極度扭捏，用動作表示情緒，她拉拉衣角希望你幫忙和安慰，像孩子般無助或躲起來不讓人看見。每次她都這樣，進入一個不做任何改變的受害者位置，讓想幫的朋友束手無策、不敢再碰，此時她又說：「看吧，果然，連你也討厭我了。」

「自己都討厭自己」的後座力很強，像繞圈子走不出去，也不知道可以找誰，有時候不是不找人求助，而是求助當下說不清楚，又敏感對方的疑惑與不耐，便自己下結論：「算了，沒人要理我。」閉嘴退縮。

「自己都討厭自己」會連結所有壞事，認為都跟自己有關。

「自己都討厭自己」會否定過去成功經驗，認定都是僥倖，跟自己無關。

「自己都討厭自己」會陷入憂鬱思考、狹隘解讀，越想越堵塞，強迫思考、自我譴責，最後退縮什麼也不做。

「自己都討厭自己」會壓抑感受，產生身心症狀，如結巴、胸悶、睡眠障礙、沉默、厭世及自我傷害。

「自己都討厭自己」不是性格，是其來有自

「自己都討厭自己」不會莫名產生，就如前章所言，心理發展必須有保護功能的自我中心觀點，為何卻轉變成完全相反的事呢，它一定其來有自。

起初是外在行為被否定，可能缺乏原生家庭的肯定：未被期待、未感受被愛、未有成就；接著是社會人際挫折：被排擠、被長期貶低、發生重大打擊，這些創傷事件已過，但創傷情緒遺留著，變成自我否定的遺毒，形成「檢查員」。檢查員用另一種方式保護當事人，就是什麼也不要做，盲目圍城，沒有期待就沒有傷害，長期挫敗讓保護機制變形，自己產出的都會錯，也就討厭起自己。

「自己都討厭自己」是情感面受傷，這不是勸他放下或勇敢一點就能改變的事，一定要先傾聽他背後的挫折故事，情緒面的事就要情緒面反應才能真正搭上抒解的橋，讓當事人先被理解才有機會重新整理受傷的事，重新接納自己。

挫敗與受傷的部分若不處理和否認，會轉入心理學家榮格稱為「陰影／黑暗面」的地方，一輩子隱隱作痛。不過榮格也說，「活著的形態必須要有很深的陰影，看起來才會如雕像般立體；若少了陰影，不過就是平板的幻影罷了。」陰影也有它的功能，從那裡才知道我們隱藏的需求是什麼。

「自己都討厭自己」是情感面受傷！

這不是勸人放下或勇敢一點就能改變的事，一定要先傾聽背後的挫折故事，情緒面的事就要情緒回應才能真正搭上橋，讓當事人先被理解才有機會重新整理受傷的事，重新接納自己。

如何協助陷入「自己都討厭自己」的人

當一個人陷入自我否定，要自己走出來確實困難，此時需要與人連結，被拉一把。身為家人或朋友可以這麼做：

①啦啦隊式激勵

情緒是可以感染的，對某些極度低潮的當事人，帶感情或熱忱的話可以振奮人心、激昂鬥志及重燃希望。精神喊話就像啦啦隊或教練的激勵，例如：「幹得好！加油！」、「你一定能做到」、「你是有能力的」、「沒關係，我陪著你」、「在我心中你是最認真的」……，帶著熱情傳達，能給予正向能量。

接下來是實際策略，讓「改變」能見縫插針。

②認同他的情緒

了解事情發生的來龍去脈，當你專注傾聽時，自然會產生同理，既而認同他的情緒，回饋他：「你能說出自己的感覺了，真好！」給予肯定。

③接納他的行為

有些當事人會放大犯錯之處，重複譴責自己，切記不要隨之起舞，帶領他理解所有的行為都是有原因的，同理地說：「發生了什麼事，才會讓你這麼做吧。」一起探討其意義。也從故事裡發現當事人其他小有成就的部分，回饋具體優點，讚美時不可空泛，可先激勵對方做些小事，再針對小事結果肯定，創造正向循環。

④給予未來方向

在人失去自信時，是很難無中生有「知道自己該怎麼做的」，亞洲文化更是如此，我們都習慣聽別人的意見，認為自己的想法無用。先給一個具體草案沒關係，讓他參照比較、定位現在，日後再逐步修改成他想要的樣子即可，例如：「擔心陳大哥的事，妳打算怎麼做呢，我的建議是這樣，妳覺得可以怎麼改？」

TIP

懂得自我療傷

你不是討厭自己，你是受傷了，請記得療傷。

5 不需要「過早的挫敗感」：別太快自責，平靜後再重新歸因

心理師很早就開始寫作了，不管是文學比賽、雜誌主題徵選或向出版社自我推薦。每年都參加，也每年都沒有結果，多數石沉大海、毫無音訊，覆文退稿的，內容也僅有簡單一句「不符所需」，不會說明原因，這對當時全力投注寫作的我打擊很大。

我是沒期望得獎，不過連入選也沒有，豈不表示程度太差，而且也不知自己差在哪裡，我一邊忍受挫敗一邊繼續寫作，以為更努力就會有收穫，結果連續好幾年都一樣。

一直看到「不符所需……」的信件，真令人崩潰。曾一度放棄寫作，覺得自己沒天分，不想動筆，都是自己的問題。

挫敗的後座力，不能視而不見

挫敗是一種被否定的感覺：「你努力過了，但得不到預期結果……。」挫敗是

不成功的客觀事實，加上被拒絕的主觀感受，兩者合一的複雜否定。

結果不如預期會感到失敗，懷疑自己「是不是個人能力不足的問題？」覺得完成不了任何事；被拒絕則會感到羞愧，「我都坦白說了，還是被拒絕，好像自作多情……。」想鑽地洞躲下去。

挫敗的後座力有兩種，一是情緒面會受傷、自憐、哀怨、悲觀、灰心、退縮，重複挫敗更讓人陷入憂鬱，不敢再想像、再有作為；另一是行為面，挫敗引發羞愧，再轉為生氣（惱羞成怒），怒氣向外變成攻擊，心理學的〈挫折——攻擊假說〉，指的就是人挫折時容易謾罵或找人發洩。

我們沒有「如何承受挫敗」的教育，總覺得是丟臉的事，不懂消化情緒，只能假裝不在意、不要想太多，以為大吃一頓、大睡一覺，以類似的好感覺「蓋過」原本的壞感覺，隔天就會煙消雲散。當、然、沒、有，隔天醒來繼續。未處理的情緒會影響認知，會進入潛意識自行反應，盲目阻擋感受或盲目衝動直到滿意。

例如：有人不小心吃到地雷食物，實在難吃，因為不敢抗議店家，只好摸摸鼻子走人，難吃與沒滿足的情緒無處可去，結果又跑去另一家熟悉的美食店再吃一次，明明已經吃很飽，卻覺得這樣才有真正吃飯的感覺。這日常例子即是不習慣處理感覺和情緒的我們，用「行為」再做一次，只要成功，剛剛的情緒就可以被蓋過，當作沒事。

夾娃娃的衝動行為也是這樣，夾不到的「不甘心」情緒，會發怒發誓夾到為止，以成就感來蓋過挫敗感。盲目機制的運作，會重複一試再試，埋頭猛衝，直到滿意停下為止，但因為是「盲目」，不會檢討改進，會失敗的地方當然重複失敗，好像孫悟空頭上的金箍咒，你頭痛卻用撞頭的方式解決，最後痛到昏過去。

低估外部因素，過早自覺挫敗

某個機緣遇上朋友的編輯朋友，於是請教他為何我投稿屢敗，還寄了篇文章請他指教。他給一個我當時從未想過的點，他說：「編輯考量的點，除了文筆，更多是屬性、風格是否相符，有時候如格式長短篇也是。」我恍然大悟，投稿是否上刊，表面是我跟編輯兩人的直線對應，但其實背後還有「其他因素」存在，例如市場考量。

投稿成功的要素是多元的，除了文筆、故事性，還要了解出版社及比賽強調的論點、是否成為賣點，可是我（讀者角度）不清楚這個規則，單純以為「寫得夠好就會刊登」，不被錄取等於我能力差。

這樣的認定，是「自我中心」主觀判定，才會責怪自己，並掉入情緒裡（沒有別的可以怪，當然只能怪自己……）。當認知過於窄化，加上挫敗情緒，最後會卡在「要被肯定」這件事，忘了寫作的初衷是「享受創作」。

一件事情到底是怎麼回事，因果關係如何，這是認知心理學的「歸因理論」（Attribution Theory），它指人們會整理和歸納所吸收到的信息，解釋所遭遇的事件，並用它來控制和預測，產生應對行為。歸因理論指出，由於環境、人際互動訊息太多，人們不可能全盤接受再逐一檢查，反而一開始就篩選、簡化，就像常說「帶有色眼鏡」一樣，做比較省力的判斷，結果常發生最基本的歸因錯誤，於是人們「傾向低估外部因素的影響，而高估內部或個人因素的影響」，以為「人定勝天」，做不到就變成是自己的問題。

挫敗的後座力，不容小覷！

我們沒有「如何承受挫敗」的教育，總覺得是丟臉的事，不懂消化挫敗情緒，只好假裝不在意、壓抑、不要想太多，以為大吃一頓、大睡一覺，隔天就會煙消雲散，當然沒有這種事。要安撫情緒，並學會消化挫敗感。

回到投稿事件，寫得夠好就一定會刊登嗎？我想是因為我們對自己能掌握的訊息（自我中心的認定）容易了解，對外部資訊（他人想法、相關知識、行銷屬性）相對要花時間收集而忽略不採，做成單一歸因，認為沒入選等於自己能力不足，導致後續只在「自己的部分」用力，而不是對症下藥。

生活很多小事若單一歸因，會累積成「不合理信念」，如寫得夠好「一定」可以刊登，當出現「一定」、「應該」、「全部都……」的形容時，我們就掉入了思維二分陷阱，不成功便成仁，自己嚇自己。

單一歸因的例子很多，例如：「她不要我，一定是我不好。」然而事實可能是：「她找到更好的，所以她離開了。」；又比方：「他今天臭臉，一定是我昨天做錯什麼！」然而事實可能是：「他今天臭臉，因為遲到、忘記帶作業、身體不適或其他我還不知道的原因……。」心理師投稿屢失敗，有可能很多原因，如屬性沒掌握好、風格不對、格式不符，最後才是文筆不佳。單一歸因的解釋讓人無法施力，只有挫敗感，發現多重原因則表示還有其他空間可改進。

挫敗令人混淆，因為受傷情緒及不成功的事實兩者合一，難以分辨，當被情緒淹沒，解釋更會狹隘，當資訊受限，歸因便有限。「都是自己害的」這個結論讓我們無從施力，不斷批評自己，卻忽略了「其他我們不了解的原因」才是關鍵。理解這不全都是自己的問題，就比較容易放下，並重新來過。

安撫情緒，學會消化挫敗

歸因過程是認知思考，然而情緒的影響先於認知，情緒沒有被安撫，思考就起不了作用，底下三步驟可讓我們逐步消化挫敗。

①允許挫敗情緒出現

情緒的出現有其意義，它在告訴我們「其實我們重視哪些」。平時我們「想要什麼」並不會那麼清晰，例如投稿是為了被肯定，然而行為與心理需求的關聯並不清楚，而情緒的出現會幫忙確認「想要什麼」，認知則隨後說明「那是什麼」。

像是你背後癢得很不舒服，需要你的感覺確認癢處，請人幫你抓癢則需要用認知表達，以言語描述，多遠距離多少力道，直到被抓得恰到好處。請允許挫敗情緒出現，接納並善待它，被安撫後情緒才會告訴你重要的是什麼。

②允許向他人尋求支持

背後的癢抓不到，請人幫你抓癢，就是尋求幫助的意思（可惜我們常用「免求人工具」太少求助）。請直接說出需要，請對方單純傾聽也可以。向信任的人尋求安慰、支持、陪伴，對方回饋我們肯定之意，挫敗感就會降低。

③對話

情緒抒解後，獨自思考仍會有盲點，建議找人聊聊、對話，藉此網羅到不同角度的資訊，因果是多重的，試著重新歸因，從不同角度切入再找新解方。

TIP

不全是你的錯

接受挫敗的提醒，不要過早認為都是自己的錯，以不同角度再思考，找出多重原因與解方。

6 不需要「討好別人」：接受自己需要朋友，但把焦點放回己身

你對所有人均等關心、定時問候、主動幫忙，總當成自己的事全力以赴。有幾個人禮貌性謝謝你，少數一兩位回應你，你以為有回應的就是朋友了。

你圈出那些朋友，對他們繼續主動付出，同時也透露一些自己的感受和想法，試探對方會不會接受你。雖然你們之間總是你聽的多、做的多，但你不敢要求太多，這樣就很好了。

某一天不知何故，朋友突然不理你。你感到恐慌，不知道哪裡做錯也不敢問，對方的冷淡令你焦慮、情緒低落……。

你從共同的朋友那裡聽到，其實對方對你並不是像你對他那樣重視。你突然感到氣憤，「為什麼我努力那麼久，卻沒有被當成好朋友呢？」你覺得沒人喜愛真悲哀，洩氣後再度焦慮與情緒低落。

自卑者的交友模式是投資和交換

自卑的人交朋友很像「投資」，他關心眾人、分散風險，然後等待「對我有回應」的人，才敢進一步交朋友。他們不敢選朋友，因為認為自己不夠格、沒有被喜歡的本錢，他自己都討厭自己。雖然他不喜歡自己，但心中仍小小期待有人把他撿走。

自卑者，交朋友的方式是「討好他人」，把自己當「工具性角色」，替對方付出勞務、照顧對方，來者不拒，有利用價值才會被喜歡。不僅如此，自卑的人還主動付出更多，敏感對方需要什麼馬上幫忙，取悅對方。「討好他人」像是三輪車老太太，「要五毛，給一塊」，你說奇怪不奇怪。

「自卑」不是性格，部分來自社會馴化，不強調個人在乎什麼，也被告誡不可麻煩別人，以致他不敢明講自己要什麼，因為「我憑什麼呢，沒有人會理我的」。「討好他人」類似在累積別人按讚的數量，再轉成自我肯定的分數。「討好」是拿出「以為對方會要的東西來交換」，自卑的人拿不出什麼，就以「勞務」或「工具性角色」來換取「人際關係」。

交換而來的人際關係很脆弱，那是不平等的關係，很明顯的下對上姿態才會這樣換，而且勞務和工具性角色的取代性都很高，付出很多，然後只回收一點點「人際好感」，匯率很低啊，這樣的人於是要付出更多才能維持行情。這種交換不保值，關係還輕易被結束，令人很不甘心，但自卑的人只敢埋怨、沮喪、崩潰，有時還會衝動想討回什麼。

「交換」就一定有人要嗎？當然不是，過多的交換也是壓力，若對方收太多會超過負荷，也有必須回報的心理負擔。

付出太多的自卑者是屈就的，交換確實不公平，常要壓抑情緒，當委屈到一定程度，情緒就會出來激烈反抗。情緒很誠實，會大哭或大氣，爾後又陷入深深的自責、挫敗與孤單；情緒就像啞巴吃黃蓮，直接做出行為，例如破壞、自傷或絕望，若不能被辨識與處理，會讓壓抑與爆發數度循環，自我否定。

交朋友應是互相欣賞，平等互饋的，性格合得來、興趣談得來或特定事件因緣際會產生交流，進而相知相惜。兩人的友誼雖有差異，會爭吵，但能體諒和溝通而不是長期屈就，更不會輕易絕交。交友的過程是跌跌撞撞、分分合合，畢竟天作之合少，歡喜冤家多，所以按照自己的步調就好。

自卑的人常擔心沒朋友，急著以友誼證明自己，千萬不要急，先把焦點轉回自己和生活上吧，讓你的生活以自己為中心，改變一點投資策略，多專注在那些讓你有樂趣、有熱情、能專注的事物上，學習跟自己獨處。很奇妙的，當你有了自己的生活風格，「花若盛開，蝴蝶自來」。

陷入孤單情緒的緩解法

自卑者的交友模式有其代價，當人以工具性角色依附另一個人時，會順從他人、失去自我，藉此逃避孤單情緒。「孤單」是甚麼，皆是否有人陪伴，是否有關係連結，心裡是否有可依靠的重要他人，那個形象住在心裡，即使他人不在身邊也沒關係。孤單的情緒來時都有先兆（sign），可能是你覺得不安、害怕、突然意識到空虛，或者身體上的不舒服、悶悶的。學習與孤單相處吧，接受它，先存而不論，覺得陷入孤單時，試試以下緩解方式，待情緒平穩一點，再進一步解讀孤單要對自己說什麼。

為什麼自卑的人不敢選朋友？

自卑的人認為自己不夠格、沒有被喜歡的本錢，連自己都討厭自己。於是，他們採取「討好他人」的方式贏得友情，替對方付出勞務、要求照單全收，任何事來者不拒，認為有利用價值才會被喜歡。

令人鼻酸

①到空曠、無邊界的地方走走

不要躲在房間，去外面走走，尤其是在空曠無邊界的地方，視野開展，心也會開闊。居家附近公園是好選擇，坐著椅子上看天空跟來往的人們，世界這麼大，共享一片天空，你所煩惱的事相對地會稍微縮小一些。

②讓身體活動活動

試著做家事、騎腳踏車、散步、運動……等持續性的活動，重點是讓腦袋放空，藉由身體舒展帶你轉移注意力。運動這件事起步最難，但效果最好，只要度過開始期就容易多了。可以至附近的公立運動中心、參加小型健身房，或揪人一起慢跑。

③在房間裡聽廣播，空中相會

如果不想自己一個人又出不去，例如深夜時段，那麼我建議「聽廣播」，那是學生時代室友不在時，我讓自己不孤單的方法。

廣播主持人是對著你（聽眾）說話的，彷彿空中相會，房間裡有說話聲，可以減少「我是一個人的感覺」。聽廣播時用喇叭而不是耳機，這樣你還能一邊做別的事，如清潔地板、整理房間。

不要看電視，那只是麻痺，而且什麼事也不能做。若沒有廣播可收，就開著電視只聽聲音。

承認自己的需要，別自欺欺人

情緒緩解後，把焦點放回自己身上吧，將你孤單的感受、情緒寫在本子裡，讓思緒有所整理，問自己：「我怎麼了呢？」「我需要什麼呢？」「我想要跟朋友一起做什麼呢？」人很難單獨存在，因此「需要別人」是很自然與正常的事。傾聽與承認自己的需要，別自欺欺人，好過欺瞞自己卻又做一些委屈自己的矛盾行為。

書寫也可往未來想像，先想像一個理想的人際關係、你希望過怎樣的生活，盡量具體與細節，才能激勵自己往那個美好前進。要相信現在也許有些孤單，但有朝一日一定可以找到互相理解的人。

真的做什麼都覺得很困難的人，不妨試試心理諮商吧，找人說話是最好的方式，當對方願意傾聽並與你一起討論時，痛苦雖然還是在，但孤單感會減輕，讓你產生力量思考下一步怎麼辦。

TIP　免費心理諮詢

請上網搜尋「心理衛生中心」，各縣市政府都有提供短期的免費心理諮詢。

7 接受「被指正」：我就爛，好，那我改！

在機構執業時，每位心理師背後都有「督導」負責檢視諮商歷程，以維持專業品質。

當時有位魔鬼督導，素以嚴格聞名，不苟言笑，他眼光犀利，能迅速分辨心理師在想什麼，過程稍有差池都能捕捉。每個人都擔心做不好的地方被揪出、被指正，心理師也是一樣，害怕被批評。

魔鬼教練沒有客氣的，他面質：「當時為什麼這樣選擇？」我講了一個藉口，他又問：「你說的沒錯，但應該可以推案主一把的你卻沒做，你的考量又是什麼？」督導打破砂鍋問到底，最後只好舉手投降：「好，我的錯，其實我害怕，這樣做會被個案拒絕……。」

人們被評價時總希望聽到讚美、做得很好，而不是坦誠自己疏失，一直檢討自己。有次魔鬼督導聽了我的錄音檔，果不其然，一貫作風讓人無所遁逃，當場揪出許多待檢討之處。真令人難受，沒想到疏失滿多的，我覺得臉紅羞愧。

不過督導確實講得很有道理，想了兩秒，我無法替自己辯駁，乾脆接受這一切：「嗯，您說的沒錯，是我當時沒想到，是我的疏失。」然後問：「那我下次可以怎麼做？」

我很快承認自己不足讓督導嚇一跳，他說：「沒想到你這麼坦然接受，沒有解釋。」

「本來是想，但想不出來，也確實那部分做不好，就這樣……。」我的想法是，總有一部分是自己的問題，那就針對那個部分承認、檢討、改進。

奇妙的是，督導也很喜歡我的反應，至少過程不用像打太極般推來推去，還要戳破那些辯駁與防衛，直接討論讓他比較輕鬆。他覺得我夠真誠，也逐漸信任我能自己反省，往後督導過程都很自在，魔鬼教練變成慈祥的安西教練了。

被指正是一種無所遁逃的難堪

「被指正」時，第一反應會是什麼？是防衛！會出現大量的防衛，為自己辯護、找很多理由、說事情不是自己能控制，「總之……並不是我的問題」。

俗話說「知錯能改」，但知錯不難，難在「被別人發現自己不足，還要當面承認」，我們不在他人面前承認弱點，那很像狗兒翻白肚表示臣服。頭腦知錯是一回事，但情緒知錯是另一回事，坦承疏失所伴隨來的自尊掃地，令人想鑽地洞：「天啊，他說的是對的，我怎麼會犯這個錯誤！」我們只好否認、抗拒、逃避。知錯也許不難，但是知錯非常難堪，誰都一樣，心理師也是。

同事們不喜歡魔鬼督導是因他看得透徹，批評直接，無所遁逃。督導的風格不是委婉告知「沒關係還好啦」，而是要心理師坦然面對自己，好騰出更多時間檢討和修正。當錯誤被揪出，令人害怕的不是這位督導，而是這種難堪感覺，自己難以承受，對方又不打圓場（如果他說「沒關係，大家都一樣」就好了）。人性如此，誰也不喜歡被指正，沒面子，最後選擇逃避，跟鴕鳥一樣把頭埋起來。

熬過難堪，就是成長的開始。

以轉念對抗難堪，讓情緒是情緒，學習是學習。轉念後正視自己的缺點，難堪是一碼事，吸取教訓再學習是一碼事。事後再來整理情緒，可以找人傾訴，談談那時的驚嚇、緊張、不知所措，還有對方指正時你超不爽的。

跳躍性的成長，從接受指正開始

「被指正」當下，第一反應是感覺自己難堪，接著所有精力都在保護那個難堪，意圖撇清，甚至反擊。「難堪情緒」讓我們想像這是一場災難，於是反擊對方：「所以你認為我能力不足？」「換你就會做得比較好？」「疏失本來就難以避免」「你又不是我，不知道我已經試過才這樣的」。心靈集中在保護自己，就不會有新的學習。

最有效的學習往往來自他人角度看見的缺漏，「成長」往往源自這類「有效但難堪」的處境，只要跨越那障礙，正視缺點並彌補，就有大幅度的自我成長。我後來發現，當時能坦然接受，其實在電光石火間有兩類轉念出現：

①那是角色要學習的事

當下「我」覺得羞愧，但既然要扮演好「心理師」這個角色，就要繼續學習，所以持平來看，督導說的對，我暫時放下自己的情緒（要傷心可以，下班再說），使用影分身以客觀立場去看那個正被指教的心理師角色（分一個自己站在背後覺察「前一個自己在做什麼」，心理學稱為「後設認知」）。角色需要調整，但不是「我」，所以能集中精神修整那個角色的行為。

②我就爛，沒關係

最近社群網站有一款修圖，把「爛」當成自豪的指標，豎起大拇指說：「以前，我很爛」，然後「現在，我就爛」。接受「爛＝自己」令人莞爾一笑，接受自己就是爛，這種說法讓當事人輕鬆，既然爛到底，便只剩進步空間。「好吧，我就爛，那我改。」一旦接受了，一定是越改越好。

轉念熬過難堪，就是成長的開始。轉念後正視自己的缺點，目標是「未來會更好」，因為這樣，難堪是一碼事，吸取教訓再學習是一碼事。熬過難堪時刻，事後再來整理情緒，可以找人傾訴，談談那時的驚嚇、緊張、不知所措，還有對方指正時你超不爽的。

做不好的地方我們持平接受，但願意接受指正的自己也該自我肯定，這樣才公平。畢竟，虛心受教的人可不多。

TIP

後設認知

「後設認知」，亦即「對思考過程的再思考」，類似螳螂捕蟬，黃雀在後，後設認知是黃雀，可以覺察「自己如何認知、決定的歷程」，並將之調整。

8 接受「絕處逢生」：為自己感到不甘心，再拚一次吧！

大學只唸半年就退學了。一回神，自己早已得了憂鬱症和進食障礙。我的皮膚總是千瘡百孔，傷口難癒合，比一般人更怕冷，有時不管吃什麼都會肚子痛。可是這樣傷痕累累卻讓我開心，因為受傷的話，有些事就不用做，人們也會降低認同我的標準。

不久，厭食症突然轉成暴食症，隨時發狂的食慾支配了大腦，令人焦躁不安，即使工作中也必須暫停，拚命去吃櫃子裡過期的食物。常常會災難性的想著：「在離不開工作崗位情況下，若是無論如何就是想逃時，我該如何是好呢？」就這樣持續了半年，在某個寒冷清晨，準備出門上班的我竟癱坐在家門口的走廊動彈不得而曠職，最後被打工處開除。我一直以為「歸屬」與「天天報到的地方」也失去了，被抽走支持自我形體的東西後，似乎自己也將消失在空氣中。

如此日復一日，二十四小時都覺得痛苦不能喘息，人生苦不堪言，想來想去，只有死了最輕鬆。可是一想到死掉的好處，竟然遠遠超過活著，真是不甘心。我想著：「你他媽的！既然如此，那豁出去算了，我要重新站起來，如果掙扎之後還是想死的話那就去死吧。」

雖然這樣想，但二十八歲的我感覺無處可去，明明身上有錢，怎麼會沒有可以去的地方呢？想要得到一個溫暖的歸屬，除了錢，好像還需要其他東西。沒錯，那個不是錢的「其他東西」。

永田カビ，《我可以被擁抱嗎？因為太過寂寞而叫了蕾絲邊應召》

生命陷落時，不要一人獨撐

故事主角永田，人生遇到困難，但只能卡在那，當生活逃到不能再逃，也無力改變時，情緒崩潰、理智當機，長期處在痛苦狀態，只是賴活著。她想以死脫離痛苦與絕望。

我也遇過跟永田一樣的時刻，在關係失落後，感覺痛苦沒有盡頭，往後怎麼辦？不知道該逃到哪裡去，一直感覺想傷害自己，我當時慌了，一直流淚，一直翻手機通訊錄，花了好多時間找一個不會拒絕我的朋友。

「喂？」是對方的聲音，「怎麼了？」聽到聲音我就哭了，覺得自己丟臉卻又止不住。我沒有辦法把發生的事講清楚，只有一直哭，同時也帶著愧疚、深怕叨擾對方的愧疚。我哽咽地跟朋友約明天早餐見面，掛上電話後繼續流淚，先想辦法渡過今晚。

想把自己毀掉的衝動很強，然而明日之約讓我冷靜一些，是啊，還有約，至少不能爽約，還有一件跟別人有關的事，就算想死，也等明天碰面後再說吧，這個想法讓情緒願意中場休息。我勉強爬了起來，上了廁所，躲入被褥，翻攪不停直到天亮。

「如果還得活下去，接下來怎麼辦呢？」我整晚都這樣想，存活要花很大力氣，要很勉強才能維持人樣，那，乾脆搬到偏鄉去好了。當下我還無法明白，從想死轉念到苟活，就是悲傷的處理，我正逐漸接受現況，接受失落、歸零的事實。

死是人們的最後防線，是要逃離痛苦還是要消滅自己？如果還不篤定，那就絕處逢生吧，做完最後掙扎再說。

記得「後設認知」嗎？跳一個分身出來觀察自己正在做什麼，思考還有什麼選項，接受自己有「求助的需要」，不需凡事自己獨撐，找人支持、傾聽、回應，然後就能啟動「自助、人助、天助」的正向迴圈。

「真正崩潰後才是治療憂鬱症的開始。」這是精神科醫師王浩威提出的概念，我想，當什麼都崩毀了，也就一同放掉那些無效的執念，歸零後反而有彈性，就是絕處逢生。

認同絕處逢生，沒有什麼好失去了，那些殺不死自己的就會讓人更堅強。接受絕處逢生暫時平靜後，仍應趁勢思考，找人討論下一步要怎麼辦。

接受現況，但不是「以受害者自居」

絕處逢生的永田回顧童年，試圖解釋是什麼造就現在的自己。她發現過去總是努力收集別人給的認同貼紙，卻還是得不到他人持續的認同，這個信念好像沒有效果，才會感覺孤單又沒用。她不甘心就這樣什麼都沒有，她的「生氣」激出了生命力，要做最後一搏。過去為討好他人，永田一直不允許情緒出現，然而絕處逢生時的「生氣」巨大到讓她豁出去，她終於接受情緒、為自己著想。

有了情緒，她注意到內心好像需要什麼，只是不知道內容而已，在去死之前，至少搞懂它再說。

「接受現況」是最難的起始階段，因為那表示得意識「自己目前有狀況，要改善就必須自己負起責任」。接受現況後可能會自憐，也想被可憐，這都很好，是正常反應，當我們一直有努力卻得不到收穫時，是需要討拍的。

自憐的情緒，是關注自己受傷的感覺，如果一時無法處理，就休息一下、癱瘓一下吧，覺得準備好了、不甘於如此、不能忍受了，就站起來為自己做一些事。

此階段最大的阻礙是「受害者位置」，當事人會覺得「要改、要負責」談何容易？別人都這麼說了，改了又有用嗎？人會害怕再失敗，於是逃避選擇、規避責任，當他只抱怨環境，認為都是別人的錯、自己無能無助好可憐、不想為自己負責時……就只有「不動」等待救援。

為自己負起責任吧，即使再嚴峻的情形下都有可為之處。若把「現況」比喻成「重感冒」，接受壞情況等於接受感冒的存在，我們生病時也許會抱怨被傳染、鬼天氣、工作太操，然抱怨並不會恢復健康，當事人能為自己負責的行為便是「好好休息」或「看醫生」，總是有可以先做的事。

「壞情況」好比「重感冒」

接受壞情況等於接受感冒已經存在，我們生病時也許會抱怨被傳染、鬼天氣、工作太操，然而抱怨並不會恢復健康，當事人能為自己負責的行為便是「好好休息」或「看醫生」。

冷靜後再思考，才能發現選項

在感覺一無所有的狀態下，如何振作呢？

「是否我真的一無所有？」其實多少回憶藏你心裡，需要有人為你輕點起一絲暖意。絕處逢生後重啟人生，先找人聊一聊，降低過度焦慮的情緒，會發現自己並不是真的一無所有。想想過去少數卻關鍵的溫暖回憶，像永田回憶起她愛畫漫畫，並曾在面試中受到店家的鼓勵要她堅持興趣，她感動地痛哭流涕。陌生人給的暖意勉勵了永田，成為扭轉契機，她決定重拾畫筆，發表漫畫描述自己寂寞心境。

①責任有所區分

過去已然存在，了解過去如何影響自己，就能區分哪些責任不是自己造成的（例如：被家暴所造成的後遺症就不需要自我檢討），哪些是自己要負責的（例如：從現在起過自在的人生就是自己的責任）。

用對方向努力很重要，「過去」改變不了，但是「現在」與「未來」可以，區分好要做的部分再開始。

②研究自己「需要什麼」？通常卡住的部分是線索

討好他人得到認同只是永田要的「表面」，內心真正想要的是什麼呢？通常卡住的部分是線索，可找信任的人討論，或尋求專業協助，在翻找過程中，發現哪個不對勁就寫下來，當線索搜尋。把研究自己當一個課題，慢慢拼湊，逐步縮小範圍，漸漸會知道那個需求是什麼。情緒是因某種需求而生，情緒不是病徵，了解造成痛苦的原因，真正需要的東西才會出現。

為了解開謎題，永田開始去找與自己狀況有關的報導和書籍。最後找到的答案是「她想要被緊緊抱住」、「她想被認同」，她接受這個需求並產生行動滿足它。

③如何實踐這個需要

現實條件下「想要被緊緊抱住」怎麼實現？只是被抱而已嗎？

永田曾在打工時穿布偶裝與群眾抱抱，她覺得好像不是那樣，她要的是更深刻的擁抱，於是又去找相關書籍及網路關鍵字，發現許多人也有此煩惱。

最後她找到的詞是「安心感」，也看到了「要珍惜自己」這句話，她極為震撼，「怎麼以前都沒想過自己呢，所以才會不知道要做什麼，搞到最後無法思考」。

永田為了讓自己體驗從擁抱而來的安心及被珍惜，一般人際都會嚴重焦慮的她，在現實可行之下找了風俗店（日本才允許的八大行業），並以找漫畫題材的理由讓自己勇敢行動。

選擇之路不是自動展開的，需要歸零重啟，冷靜後再思考，才有新的選項。

累積力量，重視「自己所發出的聲音」

永田靠自己摸索，實際體驗，她消化經驗後以擅長的漫畫在網路分享歷程，沒想到獲得了多人共鳴與認同，從此，她得到了力量。

力量的累積讓她繼續向前成為連載漫畫家，而且也開始重視「自己所發出的聲音：要什麼、怎麼要」。過去她一直不懂為什麼大家都活得下去，現在卻感覺湧進大量的生存甘蜜，甜甜的、有能量。

「甘蜜」是永田的譬喻，是生活中的喜樂與意義，其定義因人而異，也許是生存的理由、活下去的力量、在世上的歸屬。永田發現自己的甘蜜是：憑感覺畫出東西，讓許多人看自己畫的，並分享給更多人。她明白了自己要什麼才能夠滿足，也分享給別人，這是她要的認同與生活。

找出選項，承受選擇，將經驗（無論好壞）轉化，就能成為力量，那是一種冒險與滿足，就算失敗也能繼續學習與汲取養分，因為「自己的」情緒、聲音、行動、價值和需求都不再被鄙視，而能以「珍惜自己」的角度重新出發。這也是「建立自尊」的過程，能控制自己的生活，讓自己成為自己的重要人物。

改變就是現在，尋求專業協助

永田算是成功的故事，她的漫畫還有續集，不過請留意，先前好多年她都困在憂鬱情緒裡舉步維艱，是絕境時才有逢生轉機。「天時」是最重要的關鍵，但天時不是天賜良機，而是當你覺得想要改變時，就是最好的天時。

接受現況有時最困難的是太多因素一起出現，例如家人誤解、工作不順、生活困難、孤單寂寞，通通攪在一起發生又無法處理。此時接受現況便是「求助」，利用心理諮詢，找專家談一談，讓心理師跟你一起捕捉苦難的意義，思考新選項，做中學，獲取力量。

只要為自己的需求擔起責任，即使從零開始也沒關係，只要有開始，一切都會是不斷加分的過程。

TIP 成為新造的人

「……他就是新造的人，舊事已過，都變成新的了。」

《聖經：哥林多後書5：17》

9 現在開始回家：接受「回家」的人生議題，完整與自己的關係

小慧的童年感覺空空的，並不是她的父母怎樣不好，而是她在家卻沒有「家的感覺」。

小慧家裡負債，父母很忙，為錢衝突不斷，她是家裡老大，自認有責任早點幫忙，接很多打工分擔經濟。小慧在職場看到的世界寬了，看透做人處世道理，被人稱讚早熟。

性格外向的小慧談了初戀，覺得同齡男生很幼稚，第二次戀愛對象比她大九歲，限制她很多，兩任都很快分手。

小慧感覺人生就是責任，學業、職業、家業，既定的生涯腳本苦悶無趣。她讀大學時故意離家到台北，自給自足，定時匯錢回家。

台北花花世界，小慧像是進了大觀園，接觸更多朋友，也交了第三、四任男朋友。小慧習慣照顧別人，盡力演好女朋友角色，然而每一段付出都是受傷收場，

被劈腿、被指責，覺得很累。

出社會十多年，小慧磨練出一個老靈魂，歷練風風雨雨，她以為談感情可以找到被照顧的感覺，卻發現只能依賴自己，也是啦，怎麼不會老？

說到老，小慧突然覺得父母也老了，想多回家關心他們，只是每次回家父母依然碎念、不理解她在想什麼。小慧想起了童年渴求呵護卻總是失望的心情，她不知道怎麼跟家人相處，很煩很累，只好再回到台北。

小慧常常感情緒低落，不知道未來怎麼辦，鬱鬱寡歡，對任何事無感，自己上網做了測驗後才驚覺是憂鬱症前兆。

疏忽照顧，是漠視孩子的情緒需求

心理學家哈洛（Harry Harlow）經由猿猴實驗宣告，失親的小猴寧願依偎在假布母猴身上，並不會常找有充沛奶水的鐵製母猴，「依偎、擁抱、柔軟的肢體接觸」才是影響感情和愛的重要因素，而且完全凌駕於吸奶的生理需求，因此「有奶不算是娘，有愛才是」，後期他更說明那些肢體接觸正是「與照顧者之間的碰觸、動作、遊玩」，親子互動中彼此的呼應、回應即滿足了「孩子的情緒需求」，啟動了孩子的自我成長。

「當父母」沒有先修課程，等於先成為父母才開始學如何當父母，也通常只能參考自己的爸媽當年怎麼教，加上社會傳承及新聞傳播拼湊為「大家都這麼教……」，三分顏色就開染房了。

現代生活繁忙，父母連自己都搞不定，只能維持「有奶便是娘」的養育，疏忽孩子親密與情緒的需要。父母並非惡意，而是因為他們不懂，童年也沒被照顧。結果大人不成熟，被疏忽的孩子卻早熟了，甚至變成大人的父母，這並不是好事，孩子犧牲童年，並不會讓不成熟的大人自動成長，但孩子卻可能付出太多代價，也會因此漠視自己。

離家，是向外尋求歸屬

童年沒有感到被愛，在壓抑的環境下長大，很多孩子會提前成熟和獨立，「離家」去社會尋找「類似親情的替代關係」。「被愛」的含意是：「需要足夠的關注。」孩子會去找需要他的人、會聽他說話、願意欣賞他、肯定他、接納他犯錯的人。

替代關係通常是愛情，因為和親情無條件的愛相似。女生可能會找年紀大很多的男生，而男生則靠賺錢成為照顧者才敢交女朋友，盲目的情感歸屬很容易重現原生家庭關係疏離的形式，再次以受傷收場。

外表早熟但心理不成熟的孩子離家，吸引來的也是欠缺被愛的人，或更不成熟的對象，負負不會得正，是加倍負。只想找到對自己有回應的人，所以多會忍受關係裡的不公平和委屈，等傷重到一定程度後不得已才離開，帶著沒有被療癒的傷進入下一段關係。

若沒有改變契機，在困境中的人們依然會用他舊有模式搏鬥，固執地以為「再拚一次」、「用力投入」就會發生奇蹟，殊不知用錯了方向，當然會重複未滿足及傷害的結局。

很多人害怕未知，不願試新的方式，他寧願選擇熟悉、可以掌握的失敗，也不要未知的恐懼，即使這個未知裡包含著成功；另一個阻擋改變的原因，是舊的即使不好，東西再髒再無效再發霉，他也沒有別的了，擁有舊東西也比一無所有好，所以願意留在傷害裡的人，也是有理由的，絕非人發瘋或鬼打牆。

放不下舊的（價值觀）是因為新的觀念沒有保證與承諾，但矛盾的是，不放下舊的，也沒有空間容納新的進來，不會「絕處逢生」，而持續在卡住的地方固守舊有、逃避壓力與重複結局。

小慧在社會跌跌撞撞，當年齡增長，她興起「回家」的念頭，畢竟跟社會算計的人際比起來（歪斜指數八），家人關係（歪斜指數五）似乎還好一點（但有些特例是家人關係極差），還是盼望著有歸屬感。

孩子總是心存希望，把血緣當成信念，期待無條件的愛依然存在，可是一回家，與父母的關係又重複童年被疏離、被漠視和不被愛的感受，導致「過去不懂怎麼放下、未來不知怎麼前進、現在無法決定」，最後小慧無路可走，壓抑與無助才慢慢累積成憂鬱症。

尋找「成熟大人的回應」

「成熟的大人」認識自己、覺察情緒、願意溝通，他與你連結、有互動，跟文化裡「貴人」的概念相像。貴人知道、了解、賞識你，也創造機會讓你做自己發光發熱。

父母理應是「成熟的大人」，才能回應孩子需求與陪伴成長。心理學家柯特（Kohut）認為孩子在早期需要「自體客體」（指照顧者）以互動、同理和對映，孩子將照顧者形象內化，逐步發展「與自己的關係」（從自戀轉到獨立）及「與他人的關係」（從依賴轉到互依）。

如果自體客體（照顧者）總是缺席或不斷讓孩子感到挫敗，例如父母總是嘮唸孩子、以批評為激勵，孩子長大離家，就會將未滿足的情感投射在類親情上作替代，不計代價跟從對他有回應的陌生人（跟男人走或加入幫派），或者反過來極度自戀，躲在自己的保護殼裡。

「每個人都需要有欣賞自己的重要他人」，這是一份連結，在社會找不到這樣的人，就會想回家尋求最初孕育我們的歸屬，只是，回家還是失望。

創造回家路，從照顧自己開始

哈洛的猿猴實驗再發現，被剝奪照顧的幼猴，只需要每天與真猴子互動三十分鐘，神經系統就能學習，恢復正常，這令人欣慰，顯示孩子的復原力，即使父母疏忽照顧，成長中仍有機會彌補。回家的概念也是一樣，如今「回家的意念」也就是

每個人都需要有欣賞自己的重要他人！

「成熟的大人」具備認識自己、覺察情緒、願意溝通等特質，他與你連結、有互動，跟文化裡「貴人」的概念相像。貴人知道你、了解你、賞識你，也創造符合你特性的機會，讓你做自己發光發熱。

需要被讚美

回頭彌補當初未滿足的缺憾，讓心理完整，人生才能繼續。

①照顧自己

我們文化裡對「我是誰」的概念，是由「別人認為我是誰」（self in relation）開始的，從別人的掌聲裡認識自己，直到第二成人期的契機，才敢脫殼而出大聲肯定自己。

柯特提出「成熟發展」是兩軸線的：「與自己的關係」及「與他人的關係」，彼此相輔相成。照顧自己可先從「與自己的關係」這條線開始：重視自己的任何感受，接受過去的脆弱，整理生命經歷及主軸，重新看待自己。

「與他人的關係」這條線，則從「依賴關係」學習，有伴侶的，可雙方一起上課、共同學習，過程自有所獲；單身的，則可先從回憶中尋找「曾關注你／照顧你的成熟大人，並以他們對你好的方式為楷模」，讓那段回憶成為影響你的少數關鍵，產生信心與力量去發展新關係。

②重新認識父母

父母的身心狀態受限於過去大環境，他們的關心混雜在責罵、叨唸和雞婆裡，這種愛可能快窒息，但在當時是表達愛的方式（到現代就不適用了）。

要父母改變有不少客觀上的困難（所以老狗才難學新把戲），但我們仍有選擇，可主動去了解／傾聽／同理父母的人生，以成熟的方式，主動回應與愛他們，愛與被愛是一體的，雖不一定會改變他們對待你的方式（「放下面子」是父母的魔王關卡），但一定可改變你們共處時的心態。

你不歪斜，父母也會慢慢地被影響，雖然很慢，但你們之間的愛與歸屬會建立起來。

TIP

成熟的樣貌

從內在修補與自己的關係，所謂「成熟」的定義是：「接納成長中的不完美與傷痕，改變表達需求的方式。」

Part 2

情緒是老大，任性一下又何妨

10 情緒是老大：偶爾任性很健康，表示知道自己想要什麼

A：「你再這樣弄，我就生氣了喔！」（語調提高）
B：「好啦好啦，你不要生氣。」
A：「我沒生氣啊～我只是警告你而已……。」
B：「好的，我知道了。那等一下去哪吃飯？」
A：「就巷口那一家義大利麵好了。」
B：「為表示剛剛的歉意，我請客，不要生氣了喔。」
A：「就跟你說我沒生氣啊～但你還是可以請客。」
那麼，A到底有沒有生氣呢？

認識情緒，就能認識自己

人類是理性與感性兼具的生物，理性屬於認知面，負責邏輯、秩序與理解，找

出對個體最佳的解決方案；感性屬於情緒面，負責情感、價值與感受，是生命的最核心，有它才有喜好，才能作決定，不過很難捉摸，也跟每個人的性格有關，對同一件事的感受不會相同。我們的情緒有哪些功能呢？

①「情緒先行」，是一種自我保護

前述對話裡A說「你再這樣弄，我就生氣了喔！」，事實上A已經生氣了，只是耐著性子好好說明，再不住手他就會不客氣反擊。情緒是先行的，在思考之前就突顯了我們對某件事的價值，例子裡B捉弄A覺得好玩，但A卻感到不舒服，同一動作但感受不同，解釋也就不同，情緒引領兩人有所差異。

情緒先行也是一種本能，例如在野外看見危機，害怕的情緒會帶你立刻逃離，不會停留原地思考，慢慢想還猶豫的會先掛掉。

②人際社交是「情緒交流」

人類是群體生物，在社會生存不能只靠自己，為了要與同伴連結，情緒發展出互饋系統，演化成社交共識，此模式的學習就稱為「社會化」。

社會化裡「情緒互饋」是重要卻又看不見的隱藏交流，例如你很生氣時我安撫你，可以等同我肚子餓時你捕魚給我吃的生理互惠。隨著社會型態改變，情緒交流越顯重要，而當人們花越少時間投入生產，就會花越多時間投入社交，以致於人際關係的表現、穩定與否，成為大眾評判此人性格好壞的標準。情緒交流雖是人際知覺與社交的公設條件，但沒有人教，只能各憑本事摸索。

③情緒是自我意識的表達，才有「自我概念」

情緒最重要的功能是形成自我意識，情緒是個人主觀的感受，也是種「價值觀」，產生「我的感受（Feeling、Emotion）」等訊息回傳大腦，同時形成對自己的理解，像是「我感覺……」、「我喜歡……」，這些以「我」為主的表達，就是自我意識與自我概念（Self）的重要元素。

例如：「你說我『看起來變胖了』，我覺得很在意。」胖瘦可能有客觀標準，但當事人在意胖瘦觀感，「在意」的情緒反應了這句話的評價，當事人並不愉快，心中暗下決定減肥，而說這話的人也經由回饋得知下次還是不要說好了。

認識情緒，等於認識自己。我們常說的「任性情緒」，負面意義是指不顧他人感受，但從正面意義來看，卻是「看重感受，知道自己要什麼」，偶爾任性很健康，表示「我知道我要什麼，也必須要」，是做自己的先決條件。

情緒是老大，先安撫再解決問題

情緒的功能多元又重要，是真正的決策者，而理性（認知面）是「執行者」或者稱「理性工具」。人類主要是情緒先行，再由理性考量各種變因「決定哪個行為是最佳反應」。

許多人常說「人是理性的」，這肯定不知道情緒才是老大。我們無法管理情緒老大，小事如買不到限量品，或許哀怨嘆氣也就過去了；但關鍵大事如失戀跟失落，情緒是當家的，那時理性就只能當機、等待命令，直到情緒稍緩，理性才能恢復作用，開始收拾殘局。

情緒來時，可以暫時壓抑，但情緒能量還是存在，不理它，情緒會盲目衝動，情緒必須「有意識地」調適讓它平靜下來，學習與它共處，先安撫再解決問題。

情緒才是老大！

我們常說的「任性情緒」，負面意義是指不顧他人感受，但正面意義卻是「看重感受，知道自己要什麼」，偶爾任性很健康，表示「我知道我要什麼，也必須要」，是做自己的先決條件。

情緒調適之道：辨識、接納、表達

面對情緒調適，坊間不少書籍都有談到，以下簡單介紹三個方法：

①辨識情緒

情緒是自身對刺激源的反應，複雜的情境與人際，所產生的情緒當然也是複雜，像是又愛又恨的錯綜感情。

要辨識情緒，先要學習相關知識，在覺察後幫情緒命名，單一的如生氣、傷心、快樂，複雜的如罪惡、尷尬、悔恨。學習辨識情緒類似學英文單字，先理解、要背、多練習，當下遇到後才了然於胸，不會驚慌失措下意識逃走。

練習方式：

可多看文學小說，文學能描寫情緒的細緻變化與狀態，不是單一語彙而是以一段文字、場景形容，讓我們具體捕捉感受的質地。

②接納情緒

不管是正面負面，請接納任何情緒的出現。情緒本身沒有好壞，像是「生氣」，原意是保護身體或維護意志，在被人誤解時「生氣」會提醒你遭到侵犯，同時激起腎上腺素讓身體充滿力量保護自己。

之所以有正負面情緒，是社會約定俗成，它們標籤化生氣的人，以為下一步會失控打人，然而情緒與行為表現不一定是等號，像是傷心（負面的）會喝酒，可是高興（正面的）也會喝酒。真正造成問題的不是情緒本身，而是「壓抑情緒」，持續忽略情緒，才累積達標爆炸，向內爆是自我譴責與憂鬱症，向外爆則是攻擊行為與失控。情緒越壓抑越反彈，否則壓抑開心，一個禮拜都不准笑試試，保證還是內傷。

練習方式：

情緒產生後，不要馬上否定，例如感覺自己憤怒，先離開現場讓自己冷靜，接受情緒其來有自，紙筆記錄自己怎麼了，整理前因後果，就能明白是什麼讓你憤怒，而怎麼回應比較好。

③情緒的調適與表達

調適指的是，針對情緒的提醒，我們該做些什麼事？調適與表達互為表裡，情緒可以先表達（告訴自己我怎麼了）再進行調適，也可以先調適再表達（告訴他人「我怎麼了」）。

花點時間理會情緒，其過程就有紓解效用。情緒表達與認知能力有關，需要理解詞彙、句型及敘事，也要判斷適合情境與時機，決定什麼時候該講什麼內容，例如給一個「尷尬又不失禮貌的微笑」。

練習方式：

先表達再調適：寫一封信給自己，像日記那樣，練習自我對話。

先調適再表達：寫一封信給對方，詳加說明你的情緒與反應，但不用真的寄出。

情緒抒解學問大，有更多細節與不同執行方案，有興趣的讀者請上網查關鍵字「情緒知能」和「情緒教育」。

情緒是老大，認識情緒等於認識自己，要情緒穩定後才能發揮認知能力；也就是說，你尊敬老大，老大就會照顧你。

TIP 情緒知能與情緒教育

情緒教育的內容包括自我覺察、情緒命名、情緒因果、調解情緒、表達情緒和請求滿足等相關細節。

11 哭哭有兩種：你是越哭越慘？還是越哭越好？

嬰兒多以哭聲表達需求，我當奶爸照顧孩子時，每天聽聞哭聲，白天哭、晚上哭、半夜哭、不定期哭、嚎啕大哭……，慢慢也分辨出哭聲裡的不同意義：累了想睡、尿濕、身體不舒服、肚子餓、易被驚嚇的特質、或就是想哭……。哭是與生俱來的需求表達，社會化後卻不再哭了。

「你上一次哭是什麼時候？」每次我問來諮商的案主，許多人都想很久，彷彿那是遙遠的過去。

「哭」是人類最初的情緒表達，告訴照顧者他有什麼需要，然長大後卻被禁止了，說這樣羞羞臉，真是奇怪。

其實哭哭有兩種，有時候是種宣洩、釋放，有時卻越哭越傷心、不可自拔，到底它與情緒表現的關係是什麼，每個人都需要知道。

哭哭有兩種意義，你必須知道它

嬰兒的「哭」是呼喚照顧者前來的訊息，有些人認為不要理會哭聲以免被孩子操弄，這種論調我不贊成，反而建議在能力範圍內盡量回應，因為孩子即使尚未發展意識，也能感應是處在「一段關係」裡，他的呼喚得到回應而滿足，照顧者也收到孩子平穩下來的回饋，彼此產生有安全感的親密連結。

委屈掉淚、紅眼眶、哭不停，哭是情緒的釋放，「哭」到底好不好？不能單就表象判斷，而是像嬰兒的哭一樣，背後有不同意義。

我把「哭」分為兩大類，第一類是「自己哭自己的」，像不被理會的嬰兒，沒人與他連結，躲在自己世界的哭；第二類是「關係裡的哭」，有人看見、有人回應，釋放情緒時被關注、被接納、被理解。前者越哭越慘，後者則越哭越好。

第一類：自己哭自己的，缺乏連結、孤單無依

自己哭自己的，沒人看見與理會，缺乏連結、孤單無依，不在一段關係裡，躲在自己世界的哭，又往下分為兩種。

①絕望的哭

當人感覺不到希望，越哭越無助、陷入漩渦不能自拔，帶有驚慌、無助時，這個

哭是絕望的：他不期盼會有人回應。這不是情緒發洩，他會從哭聲中譴責自己沒用、軟弱，對自己又落井下石，越哭越慘，負面感受一直滾雪球，越慘又越哭，停不下來，越哭越陷入自憐與自責的矛盾深淵。

②快閃的哭

因為領悟「放棄吧，沒人會理你」，於是哭一哭快速擦乾眼淚，心一橫把感受關得更緊、不讓人靠近，先拒絕別人就不會被拒絕，強迫症似只依賴自己。情緒壓抑原意是為了應對艱苦環境所產生的短暫堅強，但是長期如此就會爆炸，因為被壓抑的情緒不會消失，最後變成絕望的哭。

「自己哭自己的」就是哭辛酸的，既然哭沒人理、沒人來敲門，很多人乾脆把哭泣封印、壓抑情緒，反正沒人來敲門。

幫助方式：關心、等待與陪伴

要破除這種狀態，要鍥而不捨地對哭的人敲門。敲門的方式，是輕輕的一句關心，「你還好嗎？」然後等待與陪伴。另一種方式是針對他的情緒反應作現場報導：「你的眼眶紅紅的耶……」、「我看見你的雙拳緊握……」，或者更直接一點說：「我感覺你很孤單，我感受到了。」

這些話表示你看見了他，願意與他連結，當壓抑的滿水位被賦予洩洪的正當性時，就會自動哭出來，一開始一點點，接著就唏哩嘩啦。若是當事人越哭越慘，但彼此不熟，則先轉移話題或幽默解嘲，暫時帶當事人脫離哭的負面循環。實際怎麼做還得視當下環境及兩人關係決定。哭是很好的情緒突破，我們只需陪伴，靜靜地聽、遞衛生紙就好。

第二類：在關係裡的哭，被理解、被接納

在關係裡的哭，這是心疼自己、是被理解而安心、是被接納而有安全感、是釋放情緒而放鬆的哭。

在一段關係裡，我的哭有人看、有人知道、有人接應，哭便是好的宣洩，是種療傷，就像歌手庾澄慶唱過的一首歌〈想哭就到我懷裡哭〉：

想哭就到我懷裡哭
oh 就像一切都不會結束
讓彼此感覺不那麼孤獨
想哭就到我懷裡哭

更神奇的是，好好哭完之後，情緒通暢了，一切都會明朗，知道下一步該怎麼做。

親人過世後，能不能常哭呢？

把兩種哭哭應用到日常生活，那麼，「親人過世的失落情緒，能不能常哭呢？」。

傳統的應對方式是「不要哭，太傷心的話，逝者會擔心你而無法離開陽世……。」強調越是重要的人越應該強顏歡笑，壓抑傷心，等到逝者安心上路後，留下來的人也將淡忘、深藏難過，逝者回來托夢時才會放心。

以上種種皆屬民間傳說，實際上應該是古代人還沒有心理學，又怕留下來的人

想讓過世親友一路好走，哭還是不哭呢？

家人們一起聊聊，一起分享「在關係裡哭」，不必斬斷與逝者的回憶，雖然人不在了，但過去的情感都能藉著家人間敘說復甦回來，讓逝者永存心裡，讓留下來的人不會孤單，轉換失落的痛。

哭壞身體，所想出來的止哭、止傷心說法，仍然是壓抑的一種。

其實，把傷心攤在陽光下，不要各自悲傷，不要自己哭自己的，而是製造機會一起分享「在關係裡的哭」。陪傷心的人一起傷心、一起哭，不用阻止，不必斬斷與逝者的回憶，雖然人不在了，但過去的情感都能藉著家人彼此敘說復甦回來，讓逝者永存心裡，讓留下來的人不感孤單，使失落的痛有所轉換。

安慰失落的人，別讓他「自己哭自己的」，反要陪他一起懷念逝者。在悲傷輔導時我都鼓勵家人分享逝者的照片，一起整理出他的專屬相本，互相講述與豐富對逝者的回憶，他仍是家裡的一份子，無論生死，彼此心裡都還有連結，在連結的關係裡哭就是釋放，就是療傷。

下回遇到朋友哭泣，別急著叫他「不要哭」，倘若可以，就陪在身旁，不讓他孤單地躲起來哭，提醒他「我還在」。讓他感受支持和陪伴，在你們的關係裡好好地哭，之後便會恢復力量繼續前進。

TIP

進行哭的探索

「看電視電影的劇情令人想哭。」因為我們不擅長為自己哭，總是在別人的故事裡流自己的淚。下次落淚的時候，趁機探索一下為什麼哭吧，找出自己隱藏的情感。

12 談焦慮：不用解決焦慮，去解決問題吧！

公司組長閃辭，暫時找不到人，大主管把琛哥叫來，由他代表該組上台向委員會報告。眼前最資深的是琛哥，即使他不情願也沒有理由推辭。

琛哥講笑話可以，但不擅長正經報告，而且知道組內問題很多，那些陳年爛帳在報告時會被委員質問和修理。

琛哥覺得大主管偏心，其實大可找台風穩健的珊珊上場，這樣不是對整組更好，還是他們的緋聞是真的，所以找琛哥當替死鬼？

琛哥不敢抗議，大主管跟老闆是親戚，也找不到人抱怨……，離報告日只有兩週，他不知道怎麼準備，焦慮到睡不著。

似脹氣的內在衝突感

焦慮就像脹氣，纏在身上卻不知道怎麼消化，卡在那裡。知道自己怪怪的、悶悶的排不出去，釐不清真正原因，無法解決。焦慮讓人胸口悶、心跳快、緊張，坐立不安、急躁易怒，注意力不集中，脹脹的卡住感，睡前擔心這煩惱那，總是失眠。

總體來講，「焦慮」（anxiety）是「因為不知所措，而擔憂有災難」的感受，是因為無法解決、所以令人慌張的情緒。一開始不一定能意識到，但身體會感覺不對勁，無法專心。焦慮是種內在衝突，事情突如其然，超出預期，是要不予理會（但會衝突和恐懼），還是要順從（但會委屈與受傷），怎麼選都沒有好結果。

處理不來的事我們會逃避，代價是停止思考，以瑣碎事填滿時間：看電視、打掃、上網、東摸摸西摸摸，讓心靈忙碌不去感覺，不過上床睡覺後萬籟俱寂，那份未處理的焦慮又浮了上來。

「你到底要怎樣？」它悄悄耳語。

「不知道！」思緒自動對話，「順從吧，不然怎麼生活……。」（哀）

「翻桌吧，不幹了，人是有尊嚴的。」（怒）

「為什麼落到這地步？我一定做錯了什麼？」（哭）

「為什麼特別針對我？一定有陰謀……」（怒）

「為什麼沒人維護我，他們本來就應該…不知道我已經盡力了嗎？」（怨）

「放棄吧，鬥不過他們的……。」（哭）

「什麼都不行，我真的很糟。」（哭）

思緒混亂，最後常不得不順從現實，卻讓自己委屈，假裝幾天或許可以，然長久不處理焦慮，思緒會似是而非，進而引發憂鬱和恐慌。

焦慮是三合一複方感受

焦慮情緒其實有三層意涵，我們同時受困這三合一的複方，包括未知的狀態、擔心出錯和內在衝突。以琛哥的遭遇為例：

①對未知狀態的緊張、不知所措

琛哥接到特殊任務，責任重大，但這不是熟悉的業務，且也不擅上台報告，這是能力與經驗不足引起的緊張、不知所措。舉凡新環境、新業務或新關係，都有這層焦慮。

②擔心出錯有大災難

假設琛哥都知道怎麼做了，然情緒上還是會害怕，他擔心出錯、表現不如預期。頭腦知道是一回事，情緒上還是會緊張，會擔心搞砸後慘兮兮，後果承受不起怎辦？有時候，焦慮來自對後果過於「災難式的想像」。

③做或不做的內在衝突

陷入焦慮後，心裡很容易採取二分法的思維，例如順己意、還是順他人，而二選一怎麼選都會是錯的，內在衝突卡在「我不願意做」或「這不是我的事」的狀態。自己都無法認同的事，當然很難全力以赴，也沒有餘裕空間去思索新的解決可能。琛哥把焦慮放在主管是否偏心上，抗議現實，卻對上台報告沒有幫助。

化解焦慮情緒DIY

焦慮是複雜情境所產生的複雜衝突，關乎情緒、關乎現實、關乎未來，全都攪在一起，不可能馬上就有完美解決。對焦慮不能只有抱怨，要先接納情緒，知道發生什麼事而有此感受，下一步才是問題解決。不理焦慮，就會被占去記憶體，注意力被分散，無法專心。

承接焦慮需要時間，只要不迴避、善待它並尋求支持，情緒就會緩和，以下教大家自行化解焦慮的急救方式：

①允許自己癱瘓

焦慮內含複雜情緒，有時候情緒強大到無法做事只想逃，「那麼，就先逃吧。」先接納它（不幸）事情就是發生了，允許自己逃避、失功能、頹廢、軟弱、抱怨，允許自己請假，生活癱瘓一天不會怎麼樣。設定一個時間讓身心全員逃走，但時間到，就要回來面對。

逃走就逃走，承認自己不行，不要自責。對自己好一點，找個熟悉、有安全感的地方散心，做喜歡且投入其中的儀式，例如泡澡、運動、吃大餐，或冥想、禱告、聽音樂，讓自己找回能量。

②解析焦慮，找出解方

情緒得到安撫，理性才能發揮力量，回來面對的第一步，先問自己在焦慮什麼，

焦慮來自對後果過於「災難式的想像」！

情緒作用時，它會加重個人對一件事的觀感，例如「害怕」會讓我們「更不敢做什麼」、「更擔心事情變嚴重」，因此必須先抒解情緒，再談問題解決。

想要化解焦慮情緒，可以：一、允許自己癱瘓；二、解析焦慮，找出解方；三、了解你在乎什麼。

或找信任的人談一談，解析自己的焦慮是哪一種。

以琛哥為例，先找熟悉業務的人聊一聊，問怎麼整理資料做報告，那些組內的陳年爛帳該怎麼辦。第一層是對事情的整理與處理，是認知層面的。不懂的、未知的，唯一方式是花時間整理、詢問，才有好主意。

琛哥的第二層是加強演說能力，學習上台不要緊張、穩定表現的要領，例如背稿模擬演練，找同事當聽眾給意見。講錯了怎麼辦？先把可能的擔憂說出，並設計備案，有練習真的有差，通常想像的恐懼才可怕，預先準備就能降低害怕。

第三層是內在衝突，琛哥所想的陰謀論是不是真的呢？沒關係，也找信任的人說說，無論是否為真，現實還是存在，不妨把重點放回自己可以做到的事，接受現況面對挑戰，從中有所收穫。

③了解你在乎什麼

情緒還未平靜時，它會強化個人對一件事的觀感，例如「害怕」會讓我們「更不敢做什麼」、「更擔心事情變嚴重」，認知判斷會失誤，因此情緒必須先抒解，再談問題解決。

找解方時，了解價值觀是很重要的依據，如過程中在乎什麼（人際態度、公平正義、信念價值或內在需求）？想要什麼結局？知道自己想要什麼，才有取捨標準與相應方案。讓自己知其然也知所以然的主動選擇，比起逃避焦慮所做的被動防衛，無論成敗，都有較好的結果。

如果焦慮太龐大、太複雜，自己解不開，就要尋求專業諮詢，由心理師跟你一起整理，提供更深層的討論。

調整生活順位，與慣性焦慮共處

有些焦慮放得太久，轉成慣性焦慮，成為個人性格或習慣反應，原因已年久失修，只能學習「共處」減緩情緒張力。

「共處」概念可想成與一個熟悉但不想太親密也甩不開的朋友相處，既然都要面對，不如每天主動花一些時間處理它，專注在那段時間，為它做一些事，主動讓它感到滿足，才知道剩下什麼時間是自己的，了解什麼會引起焦慮、什麼不可以做，然後，繼續你的人生與生活。共處的秘訣，便是調整生活順位的改變。

舉例來說慣性焦慮、憂鬱或糖尿病等長期症狀，可將它們視為人生的第二順位，它們不該占據你的第一順位。第一順位是關注你所愛的人（現有的關係）或投入所愛和興趣，生活先從第一順位排起，依此定錨後，讓重要的事占滿生活八十％，其餘的都是次要的，花點時間應付它們就好，然後放到旁邊（冷宮）。

如果你對陌生環境總是慣性焦慮，例如去國外，但你的第一順位是「喜歡旅行」，那麼到異地會有焦慮怎麼辦？共處的方式是把焦慮切出來，你接受一定會焦慮的事實，但更重要是好好旅行，所以先擬好計畫、排好路程、練習對話，想好緊急應變等各種可能，增加安全感，萬一焦慮還是發作，就躲回飯店或以 LINE 向朋友求救。

即使對陌生環境有慣性焦慮，仍然可以去旅行，因為你知道你要的是什麼，事情就會有解決辦法，調整共處的心態，就不會被焦慮所限。

TIP

焦慮讓身心都失控

焦慮與壓力息息相關，並反應在生理症狀上，腸胃系統會消化不良、肩頸肌肉會僵硬痠痛，最嚴重則是失眠，而一旦睡眠不足，各種生理疾病又會上門，不可不慎。

13 談憂鬱：遠離壓力、接納自己、自我鼓勵

那一天，天還沒亮我就醒了，身體卻動彈不得起不了床，睡睡醒醒，越逼近上班時間越感到害怕。最後耗了一個小時才逼自己下床，心裡的聲音是「要去上班吧……至少要開完會吧……不能延誤大家，而且也沒人會代替你主持啊……。」心裡這麼想，但是每一個動作卻無比沉重，光盥洗就比平常多兩倍時間，像上了手鐐腳銬，需要特別壓著自己才能完成動作。

到了公司，我保持鎮定進會議室，靜靜地聽大家工作報告。我發覺自己身體緊繃，雙拳緊握，心思飛來繞去等結束，嘴巴一直緊閉，否則會把什麼放出似的。輪到我總結報告時，卻在發抖，明明當讀稿機就好，卻一個字也說不出，幾秒過後嘴巴微微張開，「情緒」竄出在預備要講的「話」之前大量爆出，混合各種矛盾衝突，還沒說話就哽咽。

內在矛盾與衝突，即使我一邊繼續照稿唸想掩飾什麼，一邊也想著自己無法

解釋的委屈，講了也不會有人聽吧，一回神已淚流滿面。「大家……請將……資料……寄給……」說話斷斷續續，最後就一直啜泣了。

不是大哭的那種，是一種止不住委屈的小聲哭泣，抽吸鼻子、眼淚流不停。這是一種控訴，我不想來開會，因為壓力源是他們，壓抑憤怒又必須假裝沒事，我在自己世界裡哭自己的，沒什麼期待。整個會議沉默幾分鐘，我先離席了。

我到廁所去平靜，收拾剛剛的心情才回到座位，儘管難堪丟臉，也已經比早上起不了床的狀態好很多。宣洩後反而能感覺到難過，替自己受的委屈生氣，並決定不再犧牲求全，不再演好工作角色卻打壓自己，也不再管團體扭曲的批評……，嗯，我不需要讓自己無助。

決定好就寫辭呈，說什麼都非走不可。告訴自己不用努力配合這環境後，心裡輕鬆多了，雖然還要一個月交接才能走，但真的不一樣了。

閃電離職在某種程度是逃避，但不這麼做不行，至少這位置我撐了一年無愧於心。儘管離開壓力情境是好的，私下我還是感到受傷，那些尚未明朗的挫敗與創傷將持續烙印，導致找新工作時還是會焦慮，害怕又遇到同樣的人事情境。

這件事在好幾年後我才有力量回想與整理，把它寫出來，重新定義它在生命中的位置，讓它不只是挫敗和憂鬱。

過度壓抑，導致無助憂鬱

憂鬱的英文Depression，也譯「抑鬱」，指的是我們刻意忽略某個壓力，刻意壓制不讓它浮現。壓制的心理機制就好像以手掌壓海灘球入水池一般，必須持續施力，還得時刻警醒不能鬆懈，海灘球（壓力）才不會浮出水面。這動作損耗超多能量，才能將無法解決的壓力「視而不見」，減少威脅感，不過事後常付出很多代價。

面對自己不能改變、離不開又要一直焦慮的壓力，「長期壓抑」等於自己打壓自己，令人無力和無助，怎麼做也沒用，最終放棄抵抗，鬱鬱寡歡。

憂鬱的最初，是從多次挫折來的，因為重複失敗，才讓我們認定不再應戰（Fight），只能躲、逃，甚至讓自己不知道自己在逃，這是心理防衛機制。

簡單說，「過度壓抑，就會無助憂鬱」，更可怕的是，一旦習慣成自然，憂鬱會變成性格的一部分，壓力不用真的存在，只要一點黑影就會發作。

與自己失去連結，也與他人失去連結

憂鬱症狀大致分為兩階段：第一階段會「壓抑情緒」，主要是壓抑生氣、悲傷等負面情緒，因為無法處理只好假裝看不見，讓本人無感，勉強可以再撐。像是大人常叫孩子不准生氣，再生氣就處罰，孩子就會養成壓抑的習慣。

第二階段是「壓抑自主性」，壓抑成為習慣後，會侵襲意識面，連情緒和思考都「空白一片」，像堵無形的牆。防衛機制貼心地不讓自己感受痛苦，乾脆封城無欲無求。

第一階段的「無感」很像人的部分失憶，進化成第二階段則是「無我」，看起來像是完全失憶——不曉得自己所做為何，日後若要治療得花上更多條件與時間才能復原。

憂鬱最可怕的是，這些防衛讓當事人陷入了「與自己失去連結，也與他人失去連結」的狀態，在第一階段，當事人情緒壓抑但仍企求與他人親近、互動、求援，只是無感反應讓別人搞不懂他到底怎麼了或需要什麼；在第二階段，當事人放棄希望，不再追求與人連結，讓自己處在一座孤島自生自滅。

我那年的憂鬱表徵算是第一階段的後期，從逃避起床到會議室的崩潰，表示前面早就累積不少才達標爆炸。「哭」這件事雖然難堪但也讓我清醒，被迫面對現實，並選擇優先照顧自己，清醒過來不再委屈。

情緒的功能是讓「自己意識」到危機，進而調整、改變，當時我意識到「自己竟然被逼到在大眾前忍不住哭泣的程度」，實在太不甘心了，才允許憤怒丟出辭呈，不過多數人大概不會這樣選，反而告訴自己不該麻煩別人、不要再哭了，選擇二度壓抑。

太過融入工作角色，導致職場憂鬱

身體動彈不得那天，我真的嚇一跳，我不想醒來、不想下床，更不想上班，逃避就是憂鬱的初期症狀。職場上很多人也有同樣困境，太融入工作角色，又勉強自己力挽狂瀾，明明做的很多，但只要一被指責就又厭惡自己、否定自己，導致焦慮、恐懼與不安。

田中圭一在《脫憂鬱》這本漫畫裡，訪問了十幾位曾經憂鬱但後來能脫離或能與之共處的案例，這些人的故事裡「憂鬱」都好發於職場環境。

他們在「工作角色」中為了得到認可，失去對於要求是否合理的判斷力，導致過度消耗自己，身心失衡，出現憂鬱症狀。田中圭一描述這些過程是：

過程一：當事人只認可「工作中的自己」，過度投入，過度負責，過度消耗自己。

過程二：此工作其實不適合當事人的性格，但壓抑情緒勉強自己，配合別人。

過程三：過度消耗出現身心耗竭，因而常出錯，結果更常被別人抱怨、指責。

過程四：被責罵的情緒，當事人認為都是自己的錯，對自己感到厭惡（自我懷疑、自我否定），為了彌補，當事人反而更用力於過程一的行為，再次循環二到四，直到失衡掉入憂鬱，不能再工作為止。

如何判斷憂鬱前兆，在過程中，有兩種情緒提醒著我們：

①**謎樣的痛苦與害怕**：身體動彈不得，感覺沉重，日復一日無止盡的焦慮感，嚴重失眠，且沒有原因。

②**謎樣的無感**：感受與思考空白，眼前事物一片灰色，彷彿被渾濁的東西包覆限制住，大腦昏沈、恍神，注意力渙散、記憶模糊、無法吸收新訊息。

當有這些現象，就要有所警覺，我們不會無緣無故痛苦，必定是忍耐力超出了身體承受的極限。

簡單三步驟阻止職場憂鬱

①**遠離壓力源**

日劇《月薪人妻》裡曾說過：「逃走雖可恥，但很有用。」沒錯，真的不行的話，就逃走吧，請假也好、離職也好，換個環境，逃走是保命的手段。

遠離壓力源，才有空間思考下一步怎麼做，才知道自己有別的選項：不一定得這樣不可，沒有絕對的事。

②**接受原本的自己**

逃離，為的是騰出心理空間審視我們所遇到的處境，並作較客觀、全局的觀察，再思考下一步怎麼做。

建議以日記形式記錄，一邊寫下客觀事實——「發生了什麼事」，另一邊寫下主觀想法——「自己的感受是什麼」，為避免「想像」多於「事實」，可以一：一的比例寫下來，隔天再對照觀看，看看這個壓力是源自客觀的不合理，還是自己解釋上的誤謬。

例如：一件任務的成敗，可記錄並審視是任務根本上不合理，還是過度擔憂產生的影響。如果是後者，就練習接受原本的自己，害怕就害怕，不需特意隱

職場憂鬱怎麼辦？

過於融入職場工作角色，沒有自己空間的人，容易引發憂鬱，提供三步驟阻止職場憂鬱：

步驟①：遠離壓力源
步驟②：接受原本的自己
步驟③：自我鼓勵，常有小小成就感

藏，安撫情緒後再評估自己能做到多少，將不安情緒視為一種訊號，引領我們了解是哪些不足，哪些需要協助，就事論事解決。

③自我鼓勵，常有小小成就感

我們的社會很少用「自我鼓勵」，總是說「好要別人誇，癢要自己抓」，總是嚴以律己，雞蛋裡挑骨頭，間接養成自我懷疑、自我批判的習慣。

平常就要練習肯定與犒賞自己，例如每天早起後對鏡子裡的自己微笑加油；先從事有樂趣及小成就的某些事，例如照顧寵物、登山……，反覆回味那些有成就的瞬間，感到愉悅，並與人分享，炫耀一下。讓這些小小的積極，召喚小小成功，取回小小自信，喚醒小小力量，形成正向循環，產生力量面對壓力。

TIP

對有憂鬱情緒的人不能說「加油」？

不是絕對不行。重點在於，不要直接結論要他繼續加油，而是先「聆聽他現在受到的苦」並給予接納和安慰，知道他所經歷的過程後，再說加油便無妨。

14 能解釋，就有方向：人生種種都需要一個理由

弗蘭可醫師是猶太人，二次大戰期間他們全家都被抓進奧茲維茲集中營，他的父母、哥哥全都死於毒氣室中。

弗蘭可傷心欲絕，又不知道何時戰爭才會結束，同集中營的人早已絕望、放棄求生。不過，讓他繼續撐下去的原因有兩個，一個是對妻子的思念，另一個是入營前寫的書未完稿，雖然之前就被沒收銷毀，但令他驚訝的是士兵給他一件死囚的外套口袋裡居然有一小張祈禱文，彷彿上帝要給他什麼啟示。於是弗蘭可用撿來的廢紙，以鉛筆頭繼續書寫，他確實得找點事做，不然也會跟大夥一樣絕望。

在營區的幾年，他好幾次逃過死亡，例如有一次囚犯被分左右兩排，他偷換到右排以便跟熟人同組，結果右排去勞動，左排是去毒氣室；又有一次守衛挑一百人，他剛好是最後一個，出發前守衛突然踢掉他換成另一個，後來這群人也是去毒氣室。

弗蘭可認為這些事件並非隨機發生，定有其意義，他解釋「自己活下去一定有其使命要完成」，於是他記錄在集中營的觀察，要撐到出去告訴世人這些事。

人是一種需要解釋的生物

「為什麼我要這麼做？」「為什麼我要經歷這件事？」「我到底是怎麼了？」人是需要解釋的生物，有解釋才有方向，若處於困惑與無解，就會變得被動無措，開始逃避。

以「生氣」為例，不知道自己為什麼生氣的人，很難名正言順發飆、宣洩，只好生悶氣。情緒是趨吉避凶的指標，生氣是提醒自己正遭到侵犯，才激起腎上腺素臉紅脖子粗，辨識與解釋情緒發生的源由，才能把精力放在保護自己、對付壓力源。

那麼，是什麼激起我們的生氣呢？越複雜的情境需要越細緻的解釋，可大致區分為兩種情況：

第一種是因果關係的解釋：事件如何發生的？是誰做的？他做了什麼引發我的生氣？知道前因後果，辨別對方是否故意，心理狀態為何，才能決定是否要原諒，是否要反擊。

第二種是意義性的解釋：為什麼是我？我這樣做代表什麼？如果這麼做未來會怎樣……，這是一種定位，確認現在做的事，堅持下去是有意義的，即使現在看不出來，但未來一定有影響。「給我一個好理由，讓我願意這麼做！」、「他會這麼做，一定有他的原因。」人是需要解釋的生物，需要一個理由，才能從容應對，支撐自己繼續做下去。

解釋觀點則視每個人認知歷程而不同，例如：「痛苦＝倒楣」、「痛苦＝是我又做錯、自作自受」或「痛苦＝一種磨練，讓我成長」。不同解釋，情緒反應也不同，而一個人會如何解釋，取決於對自己的了解程度，才能解釋「我是誰」、「我是怎樣的一個人」、「我為何選擇這麼做」這類抽象的思考問題。

相對的，當人無法解釋，處於混亂時則是最虛弱的時刻，很容易接受別人及環境的明、暗示。在集中營已經絕望的人們，不再對自己的遭遇及苦難賦予意義，也不再反抗而任德軍和命運擺佈。

「做人處事道理」：幫你定義人生的套餐

「社會建構理論」（Social constructionism）指出，你的人生及角色該如何扮演比較好，生活事件該怎麼解釋，是由文化傳統、社會規範及原生家庭的價值觀帶給你的，身處其中的個人不用解釋，背景會自動補上、給予意義。

例如：成家立業、讀書做大事（賺大錢）、男兒有淚不輕彈、女生該留點什麼給人家打聽……，人被解釋了，就會照著世俗的做人道理、行事法則過生活，這是人生既定的文化套餐，每個人可選A、B、C各種組合餐，看似自由，不過都在同一家餐廳，在同一價值體系下。

「被定義」的好處是輕鬆省事，但也被限制了，萬一不合模、不成功，就是「你有問題」，而不是「成功的定義有問題」。

如果不要被社會建構人生，那就自己建造吧，每個人都該是自己生命的主人，可以解釋自己的過去並開創新局面，覺得有意義的就行動，此路徑稱為「個人建構論」。不過多數人長期習慣被建構，並不知曉可以自由創作。

「解釋」要積極、主動、創造，做生命的主人

從社會建構走到個人建構，就像組合樂高積木一樣，起初需要廠規說明書，按照步驟拼出模型範本，而隨著人生歷練漸多，有了自信和歸屬關係，有人會捨棄紙本指導，隨靈感組合新樣式，缺的元件還能自己創造，成為自己人生的拼裝大師。

解釋自己的人生這件事，要積極、主動、創造，經驗豐富才有元件材料、學習多元才有工具設備，勤加練習才知道是否行得通，並藉由嘗試錯誤、承擔責任而達成目標。想要吃得健康就得自己下廚，想偷懶就點餐廳套餐，要吃得合胃口沒有捷徑，人生也是。

害怕替自己解釋的人態度被動、逃避責任，寧願被定義，聽到別人說的不錯就

去，這叫做「外求」，是遵從別人的建構，而那是一件危險的事。

不為自己負責，就容易被操控

「外求」意指從「自身之外」去尋求對自己的了解、做事的道理，以及該怎麼辦的準則。這很危險，因為「解釋權」與「決定權」交給他人，可是「結果」依然是當事人要負責。外求有好幾種形式，從問別人意見、新聞說什麼信什麼、聽信權威專家，甚至求神拜佛，都是讓陌生人帶領自己的人生。

最危險的外求是「完全聽從另一個人」。若你感到迷惘、混亂、諸事不順，自己不能解釋，將那一塊不能處理的投射出去，讓別人來帶領或宣告：「你就是這樣

最危險的是：「完全聽從另一個人」！

不為自己負責，就會外求，從問別人意見、新聞說什麼信什麼、聽信權威專家，甚至求神拜佛，都是讓陌生人帶領自己的人生。這很危險，因為「解釋權」與「決定權」在他人身上，可是「結果」依然是自己要負責的。

啦」、「這麼做就對了」、「聽我的準沒錯、你錯了我才對」、「這個感覺不是你想的那樣，我認為的才對……」。

因為這樣，社會上好多「新興宗教」及「人生導師」，以為好老師帶你上天堂，不過外求可不是運氣問題，若當事人不打算為自己負責，很奇妙的，就有很多壞心眼的人感覺到你的虛弱而覬覦利用，很容易吸引壞人來操控你，然後壞老師就帶你下地獄。

當苦難無法避免，就抱持「捨我其誰」的積極態度

弗蘭可從一九四二年到集中營，直到一九四五年大戰結束才被釋放，他把觀察紀錄分為兩部分出書：第一部分是「在集中營的經歷」，忠實記錄了人們在集中營裡的心理經歷和被馴服狀態；第二部分是「意義療法」，闡釋了以這段苦難為基礎而提出的心理治療方式——賦予意義就能超越苦難。弗蘭可另外把自己在集中營的遭遇寫成一本小書《活出生命的意義》，結果這本書最暢銷，也激勵了當時戰後倖存的士兵，對生命有新的解釋及希望。

集中營是最糟糕的環境，然而也不代表就完全喪失對自己的解釋權。有一次，德國軍官把弗蘭可帶到小房間訓話，剝光衣服拷打並侮辱，他因為失去親人、失去家園、失去尊嚴，感到一無所有而痛苦，但在此時他也豁然開朗，領悟「人所擁有

的任何東西都可以剝奪，惟獨人性最後的自由：也就是在任何境遇中選擇一己態度和生活方式的自由，是無法剝奪的」。

弗蘭可解釋，任何情境都蘊含著某種意義，如果發現苦難無法避免，就把苦難視為獨特的人生任務，而且這個使命「捨我其誰」。一旦明白苦難的意義，就不會逃避或抱怨，反而主動、積極、創造達成那份使命。

人的靈性高於其他生物，生命並非只簡單地追求快樂、優越和權力，而必須「尋找生命的意義」，這是每個人的人生使命。生活本身沒有意義，但我們可以通過自身對生活的關懷賦予其意義。

「原來如此，原來是這樣啊……」

「原來我是這樣的一個人啊……」

「我會這樣做原來是這個意思……」

「我現在知道這件事對我的意義是什麼了……」

TIP

獲取生命意義的途徑

弗蘭可給我們三個獲取生命意義的途徑：一、工作：做有意義的事。二、愛：關愛他人。三、克服困難的勇氣：凡事堅持下去，生命意義就會浮現。

15 能掌握，就能預測：問題一定可以解決，只是晚一點而已

福爾摩斯是舉世聞名的偵探（其實是小說人物），他觀察入微，並從細節處準確預測對方經歷了什麼，有一次警長匆匆趕來，還沒開口，福爾就說：「我知道你很急，你抄捷徑過來，是為了案子的事吧？」

警長說：「你怎麼都知道？」

「因為你的鞋底沾有紅土。鎮上唯一有紅土的是球場那條路，那條是捷徑，但那條路正在施工不好走，你刻意走那裡一定是有很急的事，而我認為就是最近那個轟動的案子。」福爾從地理環境與人的生活模式，推理出警長的狀態。

不過另一次卻出錯了，福爾對警長說：「今天是假日，警長急著來這，身體又動個不停，表示你很焦慮，是那個案子有什麼進展了吧？沒問題，我已經有答案了……。」

警長說「啊？不是啦…，我是尿急要借廁所，先跟你打聲招呼而已，我幫老婆

買菜要先走了……。」

福爾：「……（忽視），那關於這個案子，華生你說說看……（轉移）。」

以認知系統掌握生活情境，推出最佳行為策略

福爾摩斯熟悉小鎮的地理環境，也熟知人的生活模式，才進而推理出警長的狀態如何。推理的認知歷程分別是：

①觀察到鞋底的紅土，從客觀知識裡推出地理路徑（球場那條施工的路）。

②根據人性所歸納出的運作模式（施工的路不好走，一般不會去走，定有特殊理由）。

③推理：連結①與②兩者，推理出此人會這麼做的合理解釋。

推理除了邏輯運算，也需要生活經驗，心理所擁有的資料庫越龐大，對人對事的預測越準確。準確預測可以做什麼呢？當事人就能掌握情境、感到安心，知道下一步該如何反應。

以生活例子來說，當你到超市購物，假日人潮眾多，你知道排隊結帳要等很久，覺得很煩，後來超市加開結帳櫃台，預期可快點結束，心情便放鬆許多，誰知半途又殺出大嬸團插隊，預測被攪亂，你感到快要抓狂……，這些都由認知系統提供了

生活的預測與運作。

知道的越多，越能掌握下一步該怎麼做，而超出系統所能預測的範圍時，我們就不免焦慮、不知所措，直到能接受新出現的資料，繼而做出新的運算和判斷。

如果曾成功阻止他人插隊，那這段經驗就會被加進資料庫裡，再遇此臨時狀況便能參照反應，不會感覺慌張與困擾。狀況的觀察、如何應付，如何修正作法，都是認知推理的範疇。相關經驗越多，越能推演資料事先想像，處變不驚。新的成功經驗還可以「類推」，例如當成功阻止別人插隊，其有效的態度和作法，也能拿來應付有人不遵守規矩的其他情境。

認知系統在進行時，使用了觀察（收集資料）、分類、歸納、解釋及預測等流程，能解釋就有方向，能掌握資訊就能預測。像積木一樣，逐漸把經驗堆疊起來，稱為「建構」，心理學家喬治・凱利（George Kelly）稱此心理模型為「個人建構理論」（personal construct theory），也是成為「你自己」的塑造過程。

要讓推理能力龐大，①的客觀知識要靠觀察環境與閱讀新知，②的人性運作則靠自我覺察與歸納整理，③的合理連結則靠練習，發展一套合理解釋，預測人我互動。

認知系統會把學習過的特定內容分類，像電腦檔案總管一樣，陳列出「認知地圖」（cognitive map），可快速地對特定內容反應，譬如騎機車到新公司上班，上下班的路徑起初不熟、戰戰兢兢，但久了後，可跟google map軟體一樣，計算出最佳路徑，再久一些，各路口都熟，來到最省力的階段，是一邊想事情一邊自動化騎車上班。

認知地圖對已經產生的路徑會自動記錄，下次不需從頭計算，此心理模型讓當事人減少心神耗損，將剩下的能量再做別的事。

情緒不穩定時，認知系統會當機

認知系統就像一部電腦，非常好用，但可惜人類不是機器人，情緒才是老大，因此情緒不穩定的時候，認知系統會當機。

常見的當機類型，包括生活中的先入為主、刻板印象及偏見。例如：我們對「精

先讓情緒冷靜，那是比解決問題更重要的事！

人類面對的事若超出預期，會先愣住幾秒暫時反應不及，若嚇呆時間太長，焦慮會讓大腦認知當機，慌張無措。面對這樣的情況時，建議先離開現場、專注深呼吸、刻意找件簡單的事做，待情緒冷靜後，再重啟思考與認知系統。

神病人」常有錯誤認知，常先入為主認為他們就是阿達、失常、失控，認為他們自己生活都過不好，不可能回歸社區，應該都關在精神病院才是。

這一段「精神病人＝失控＝從社會隔離」是符合邏輯的，不對的地方在於「收整的資料不完全」，導致過快「標籤化」。

精神病人是「精神病」和「人」兩筆資訊的組合，但民眾因為不熟悉，讓「害怕情緒」作主，繼而讓認知系統只對「精神病」做反應，卻忘了他們也是「人」，結果做出利己損人的判斷——把他們隔離。此刻，是認知為情緒服務，而非客觀理性的認知判斷。

系統收集了那些資料，常和隱藏的情緒掛勾，導致認知上的迷思，產生錯誤歸因。隔離精神病人的結論很方便，因為不需要花太多時間去了解對方，不必重構資料庫。單一等式的因果稱為「捷思」——是過短的思路歷程、固執、拒絕異己，形成錯誤觀念，只用來逃避焦慮而已，阻礙了思考彈性及豐富生活的可能。

超出預期時先平穩情緒，等待認知恢復正常

福爾摩斯為何在第二段推理失了準呢？因為認知系統萬事具備，唯獨欠了東風——忘了讀取情緒訊息，警長的焦慮不一定跟警長角色有關，有時只是個人困境，而情緒狀態就要靠「面對面溝通」才會知道。你看，情緒還是老大吧，而且簡單事

與其推理，不如直接問對方比較快。

人類面對超出預期的事，會先「呆住」，然後才會重新計算（若突然在人臉前用力擊掌，對方會愣住幾秒暫時反應不過來）。這個「呆住」正是在努力理解發生了什麼，倘若無措時間拖太長，人們就會焦慮，而焦慮又反過來讓認知當機，停機又導致恐慌，形成惡性循環。

面對無法理解的突發狀況時，就「先離開現場」吧，然後深呼吸幾次，刻意找件簡單的事做（例如到商店買杯飲料喝），待情緒冷靜後，再重啟你的思考和認知——從頭觀察（收集資料）、分類、歸納、解釋，或找信任的人討論，畢竟當局者迷，有情緒盲點就收集不到完整訊息，才會無法理解。

別擔心，呆住只是暫時的，你的認知系統還在，先想辦法讓情緒冷靜，那是比解決問題更重要的事，如果你被驚嚇、被震怒、感到傷心，情緒所代表的內在需求也一定要先得到滿足，先照顧自己，而問題一定可以解決，只是晚一點而已。

TIP

多視角看待

「多從不同角度看事情」可讓認知系統習慣收集不同資料，進而比較、算出最佳路徑。練習同一問題寫出三種解方看看，就能訓練自己認知系統的彈性。

16 能重建，就能自我成長：帶著痛苦前行，找人陪伴，醞釀新的成長

「這怎麼可能發生？我完全不敢相信！」一位少婦來諮商，她淚流滿面，久久不能自己。

可是它就是發生了，先生外遇。

她們是戀愛多年結婚，兩個人皆是專業工作者，生活穩定，先生平常有自己的興趣，朋友也多，在家言行並無異樣，不知道為什麼，真的不知道，婚後三年先生突然冷冷地提出離婚。

先生給的理由是彼此不適合，外面的女人只是最後一根稻草，趁還年輕趕快分開，條件好談，財產願意全讓，他唯一要的是房子。

可是她不在乎財產，她認定一段感情就是一輩子，房子更是她安心的城堡，這些才能讓她人生有意義。然而，現在都不在了。

「如果是夢，我希望趕快醒來……。」她說。

先生的存在或許很重要，但更重要的是「她以為的世界」正在崩毀，然後「她正在崩潰」，不知道往後要為了什麼活下去。

真正的崩潰，是認知信念崩毀

很多人喜歡用「崩潰」這個詞，形容很累、筋疲力盡、分身乏術、難以抽身，如「累到快崩潰了」；另一是心理面，形容受不了刺激，情緒爆量，如「跟你講話我快崩潰了」。這兩種形容其實只是在說「超出負荷，再也撐不下去」的意思。

但「真正崩潰」的定義不同，是指個人信念的瓦解，過去的「已知」不再有用，什麼都沒有了，什麼都不能確定，沒辦法繼續生活。

故事中的女人，她的認知信念無法解釋之前的努力怎麼無效了，事實讓她震驚，也不能挽回補救，只能眼睜睜驚慌與無助，陷在哀傷裡。這不是當機而已，這是檔案損毀，開不了機。

嚴重的意外、例外，打破個人原本建構好的信念系統，不僅是無法預測，而是賴以維生的信念被打碎，心理無所依循，斷線加斷骨。

在心理學上，當所相信的事不復存在，信念的瓦解會帶來劇烈痛苦，身心崩潰，長期處於此失落狀態，有些人會想到自殺以逃離痛苦，有些人內在逃離崩潰而出現

「解離症」——大腦斷片，僅留選擇性記憶，彷彿換個角色活著一樣。

如果感情是女人的全部，當它被抽走，是會崩潰的。真正的崩潰動搖人們活下去的信念，疑惑著：「該為了什麼繼續活？」

一般狀況我們極少讓自己走到這地步，為了不讓信念系統瓦解，人們有保護內心的「心理防衛機制」，例如「否認」，當事人不承認這件事發生，女人可能會這樣說：「不會的，他一定只是跟我開玩笑而已，他很幽默的。」否認先生的心已不在的事實，合理化維護自己的信念。

「合理化」的保護機制

當結果不如預期，人們會調整自己態度或重新解釋對方意圖，讓原本的信念不致潰散，也有人找代罪羔羊：「都是小三的錯，只要打垮小三，先生就會回家。」

《認知失調理論》（Cognitive Dissonance）是心理學家費斯汀格（Leon Festinger）在一九七五年所發表，說明人們為了拉近信念與現實的落差，想盡各種方式合理化（rationalization），避而不談矛盾之處，賦予勉強能被接受的理由與解釋，以掩飾與自欺方式自圓其說，獲取自我安慰。

失調理論的意思是，改變不了別人，就降低自己，她會轉變態度，跟先生說：「沒關係，如果可以重來，之前所做的都可原諒。」但她起初是不允許背叛的，不忠就立刻分手，結果遇到後才發覺，她更害怕信念的全面崩盤，因此寧願退讓，損失一半總比失去全部好。

如果這些讓步還是不能挽回先生，事實終究會迫使當事人面對現實的瓦解，真受不了的人會逃到精神世界去，進入解離狀態——乾脆讓大腦不要知道太多。

帶著痛苦前行，進入自我成長

信念崩毀、六神無主是很可怕的，像是明眼人突然失去視覺般的恐懼，她之前所建立起來的信念不復在，感到慌張、痛苦、無助，好像心理的黑暗期。這種狀態

陪伴親友面對崩潰

認知失調與崩潰不一定是壞事，它顯示了舊的不夠好，該如何更好，但前提是能面對失落、誠實且自省，帶著痛苦前行，才能踏入「自我成長」的領域。陪伴的位置是讓她無後顧之憂，盡可能後援，好讓她專注地為自己打仗。

並非是「放下」兩字可勸，崩毀的是她全部人生，與放下無關。

要安慰有此遭遇的人，請記得這個譬喻，同理她被震壞坍塌的信念，所以混亂、癱軟、放棄、無望，也難怪有什麼救命繩就會抓。安慰不是一直「勸」，那是跳過太多過程直接到「問題解決」的層次。

協助的方式是，無條件地支持她。允許她哭、讓她有地方癱倒休息且不被苛責，讓她知道有人看見她的苦，失去的太多，但我們會陪在身邊。

信念系統垮了只能重建，沒有別的辦法，不可能持續住在斷壁殘垣中，只能振作蓋新房子，但重建的過渡期需要有人支持，需要穩定的關係提供倚靠。

認知失調與崩潰不一定是壞事，它顯示了舊有的不夠好，該如何更好，但前提是能面對失落、誠實且自省，帶著痛苦前行，才能踏入「自我成長」的領域。「陪伴」的位置是提供後援，讓她無後顧之憂，好讓她專注地為自己打仗。

「自我成長」的醞釀步驟

遇到崩潰等級的創傷，要撐過失落期，醞釀轉成「自我成長」的養分，通常有三階段：

①讓自己不死

失落情緒要先安撫，並會歷經否認與憤怒的階段，但不能因此對自己的人生心死，成為行屍走肉，要想辦法「倖存」下來。這一階段光靠自己或僅讀相關書籍是不夠的，請一定要找人幫忙，讓信任的親友陪伴或找專業諮詢。「倖存」是讓自己有希望地活下來。

②了解事實

先生看起來早有決定與計畫，但太太一頭霧水，因此需要了解哪些事引發此歷程，知道更多事實解釋因果，才會了然於胸、劃分責任——什麼是自己的，哪些屬於先生的。很多人太快臆測都是自己或對方的錯，二分法的結果不是心死，就是暴衝，陷在情緒裡出不來。知道事實的全部後，做自己能做的，接受事實，把焦點移回自己身上重新規劃未來。

③認識自己與照顧自己

關係失落後的痛苦往往來自：「不懂自己的需求與滿足，總是期待他人滿足自己卻不得」，了解事實能幫助我們知道，不可能總是期盼對方做出正確反應，關係的經營需反求諸己，自己知道要什麼、如何表達、底限在哪，才能主動預測與掌握。若意外與例外破壞了信念系統，重建時就把它包容起來，允許暫存的痛苦，然後在新舊之中尋找新的平衡與價值，重創新的生活核心。重建不一定是全部割捨，只是需要更大的空間。

重建後「心靈等級」會上升，能領悟到與之前完全不能相比的新視野，並建構出新的生命意義，習得新技能與掌握自己，例如開始懂得關係經營、面對衝突。挫傷的生命再站起來，便會強大與堅韌，「那沒有死去的，就會更強大」。

信念崩潰如果無可避免，那就咬緊牙關，浴火重生吧。

TIP

先活下來

記住，先幫助痛苦的人倖存下來，而不是要他馬上站起來。告訴他痛苦只是一時的，不是永久的。

17 身體與心理的關係：別把身體當成情緒的冰箱

你常覺得肩膀那兩塊肌肉僵硬的像石頭嗎？脖子僵直，轉動時卡卡的？

你吃東西都喜歡重口味嗎？要吃夠鹹、夠辣、夠甜？

你常消化不良、脹氣、便祕、拉肚子嗎？

你常睡不好，睡前總是翻來翻去一小時才能睡，睡眠品質很差？

你覺得這些都是身體的病，但身體檢查卻沒有異狀？

當人們習慣壓抑真正想法、壓抑真實情緒，壓力所生的負面能量就從身體反應、產生症狀，稱為「身體化」，之後人們又過度擔心身體是不是壞掉了，動不動就懷疑生病，常跑醫院，處於焦慮狀態，變成「慮病症」。

其實，這些症狀都可能是心理因素引起的，是「心因性」造成。

身體不僅是皮囊，也是心理容器

心理學不是只講心理，也非常強調「身體」，因為身體是我們在這世界的表現

工具，身體反應及動作能將內在想法、感受具體呈現，等於是「內——心理」、「中間容器——身體」與「外——行為」的一體組合，彼此息息相關。

身體不僅是皮囊，也是心理容器。佛洛伊德發現，如果童年經歷嚴重創傷，孩子會將這些經驗壓抑並儲存在身體裡，不讓意識面感覺到威脅，保護幼小心靈不被壓垮而繼續生存。身體可以鎖住情緒和記憶，像是電腦的暫存區，接著心靈把那塊區域隔離，大腦就不會意識到無法解決的痛苦。

例如被家暴或被性侵的孩子，無法脫離環境之前，只好鎖住情緒讓自己無感，然而自我保護也要付出代價，身心靈是整體的，封印情緒其他功能也會受阻，孩子因此失去感覺、沒有喜好，只剩一副無所謂的樣子。

「把身體隔離，就能認為那是身體的問題，而不是我的問題……。」像這種情況比比皆是，而且並不是要很嚴重的傷痛人們才這麼做，很多成人面對難以解決的壓力、充滿矛盾的衝突，在沒有足夠的情緒支持與應對策略下，也會選擇鴕鳥作法，把情緒壓入身體，認為沒有感受就是好消息。

然而，身體可不是多啦A夢的口袋有四度空間無限大，它比較像是「冰箱」，可以冷藏情緒、冰凍痛苦，它有容量限制，而且冷藏冰凍也有時效性，久了仍會滋生細菌、發出腐敗，嚴重影響其他正常食物……，身心症狀就是這樣產生的。

被掩蓋的創傷發臭，需要更多能量封存，導致僅剩少許能量處理日常生活，這讓免疫系統變差、容易生病、專注力減少、易怒、無法感受細微感覺……，當生活無感，便會吃重口味的東西刺激味覺，而肌肉也因長期緊繃而僵硬痠痛，被塞進身體的壓力影響消化系統、睡前也因焦慮難以放鬆好眠。

朝冰箱塞進不想處理的食材，經年累月，冰箱就壞的快，此時不是修理冰箱，而應清理內在食材，該丟的丟、整理的整理、調理的調理。

身心是一體的互為循環

身體雖是容器，但其實也沒那麼被動，心理學認為身心一體，兩者同等重要，有時經由身體對事件的立即反應，也能反過來提醒大腦該注意什麼，再次確認自己的思想和情緒。例如憤怒反應，能同時對自己、對他人宣示不可再來侵犯的示意。

俗語說：「傻瓜不會感冒。」也是身心一體的證據，若煩惱太多、情緒壓抑就會影響身體免疫系統而容易生病，因此沒有煩惱身體也會健康。相對的，身體也可以影響心理，若身體先感到舒適也可以調整心情，比如吃美食的滿足能帶動心理的愉快。

身心一體最好的使用方式是「打開心胸接納各種感受」。感受是由感覺和價值共組而成，接受身體中原汁原味的感覺，再添加個人的心情和價值調味料，最後將之表達出來。各種感受與表達，都代表著「我是誰」的獨特性。

被強壓下來的情緒，雖說放到身體這個冰箱，但情緒可不是塑膠，它仍時不時逃出來，以「投射」的潛意識作用，附身在別人的感覺上找出口，例如「我從不哭的，只有看悲傷電影才掉淚」，為別人的事哭感覺比較合理，為自己哭太丟人則不被允許。

身心是一體的，生理、心理互為循環，身體的反應看得見，心理的思想與情緒看不見，屬性相異兩兩互補，都是我們的一部分，有沒有像「太極圖」？既是衝突又彼此共存而產生豐富變化的八卦。

害怕的不是情緒，而是無法處理的後續

回到日常生活中身體與感官的瑣事，身體若不舒服要看醫生，但也請留意「心因性」的可能——那些想起來就頭痛、就難過、就煩躁的事。別刻意忽略現實壓力所引起的情緒，別麻痺自己逃避「不可承受的經驗」，我們多數不能接受的，其實並非痛苦或不愉悅的感受本身，反是想到後續無法處理而有的慌張和害怕。

例如：家門口出現了一隻死老鼠，你又害怕老鼠，於是做也不是、不做也不是

而焦慮不堪，甚至幻想隔天有貓把它刁走就解決了。日後為了排除這焦慮，心靈得花很多力氣去防衛，甚至否認：「沒有，我沒看到死老鼠、我沒看到死老鼠……。」因此我們害怕的不是情緒，而是無法處理的後續。

然而，終究要去面對家門口的死老鼠，否則從此出不了門，情緒冷靜後，承認即使害怕也得要處理的心情，情緒安定後理性才能運轉，才開始思考用適當的方式處理它。

情緒是一種指標與能量

情緒本身不會有傷害，它是一種指標，闡述著當事人可能遭遇的經驗，要順著安撫、對應、調整。然而，人們很容易在情緒出現時，直接閃避、陷在情緒裡或衝動行為化，無法帶著它進入意識面繼續辨識與理解，於是看到黑影就開槍，讓情緒自動反應。

情緒也是一種能量。情緒張力讓大腦對未知之物感到恐懼，腎上腺素提升，當事人感到心跳變快、呼吸急促，以為很可怕。可是情緒就只是情緒，即使驚濤駭浪，內在的「心智本人」仍站在遠處防波堤上觀看與紀錄，大浪不會捲走你，得練習理解這個事實。

害怕情緒出現，擔心自己失控，以為退縮能避開刺激、否認能壓抑情緒、大吃大喝就能掩蓋不好的感覺，這是歪掉的處理，「總有一天是要還的」，情緒會因被無視而加倍奉還。

情緒來臨三時期：耐受、觀照、理解

接納情緒從正確認識它開始，情緒是由感受和主觀價值綜合而來，情緒發生後有三個時期：

情緒不可怕，它不會傷害人

情緒張力的「能量」讓大腦對未知之物感到恐懼，於是腎上腺素提升，當事人會感到心跳變快、呼吸急促，因此認為情緒是很可怕的東西。其實，情緒並不可怕，它不會傷害人，它只是一種「指標」，指出線索要如何反應。

①**情緒耐受期**

當情緒出現時，得承受那個感覺，沁入其中，短暫共融，彷彿失去自己，再回神現實處境接著下一步。美食漫畫常誇飾情緒表現，以元神出竅來形容好吃，或者傷心，彷佛真的心碎那樣，一時之間潰散了，這都說明情緒發生時的指標功能，闡述當事人可能遭受了什麼才衍生的相應行為。

當情緒出現時，承受那個力道便是「耐受力」，如你在家裡欣賞遠方閃電，它不會傷害你，但其光影、聲響仍會使你震撼一樣。情緒承受的當下，會有一瞬間感覺自己就是情緒，像是油水在漩渦中暫時混合，然後又慢慢分離。

②**情緒觀照期**

先期短暫與情緒相融，之後會與情緒保持距離，從「自己就是情緒」轉到「情緒是情緒，我是我」，心智本人在岸上觀看，並收集與分辨情緒在敘說「需求為何」的資料，進入認知系統分析。若情緒很複雜，則讓情緒跑一會兒，出現更多線索，慢慢解析其中的成分。

③**情緒理解期**

從收集的情緒訊息進一步轉換為「我到底怎麼了」的認知性解釋，確定因果關係，最終採取適當行動滿足它。

情緒只是指標和能量，但若不從意識上調理情緒，就會無意識被情緒操控。

情緒調理，從練習「耐受味覺的不適感」開始

很多人討厭情緒耐受期的不適，一下就逃避了，那麼，要如何練習「情緒耐受」呢？我請大家試著以「味覺不適感」代替情緒耐受，增加對不適感的忍受力，熟悉後較有辦法集中注意力區分「情緒是情緒，我是我」。

練習方法：

①挑一個你討厭的食物。

例如苦瓜、榴槤、青椒……，必須是你不太能接受的食物，份量一點點就好（PS：挑原型食物不要挑調味料，以免刺激過量無法集中精神）。

②以集中心智的方式「慢慢品嚐」

別用吞的，不是在吃藥，必須細嚼慢嚥一分鐘，集中注意力，體會正在進行的動作與味覺變化。起初會有抗拒感，但這是練習。如果不敢馬上入口，可用輔助策

略如深呼吸、預備一杯水事後漱口、找人陪伴……提升心理強度。

品嚐時記得情緒是情緒，我是我，是你正在做一個實驗，不是感受把你捲走。食物必須停留在嘴裡一分鐘才能吞下，承受不適感，提升耐力。

③做記錄

吃完後跟朋友分享剛剛的過程，或寫下來有何滋味，盡量細緻陳述及想像各種形容，避免只有「難吃或不難吃」的二分！試著說明為何難吃，說出個所以然，區分客觀的（感官上：軟軟的很噁心）及主觀的（我就討厭，因為臭，像廁所）因素。自己觀察、陳述出道理，重新定義對此食物的喜好或厭惡。

④問題探索

苦瓜、榴槤、雞腳、生魚片這些食物，有些人之前不喜歡，卻在吃過後愛上，這是怎麼回事？如果你也有此經驗，請探索其中歷程是什麼。

有時候，對一件東西的好惡，僅僅只是誤解而已，作者小時候不愛青椒，以為「椒」都是辣的，嘗試之後非常喜歡；繪本《好想吃榴槤》也是在說這個歷程，有時候視覺、氣味會造成想像，情緒會先入為主，只有實際體驗才能破除迷思。

只要大腦多認識情緒並做好準備，加上實際體驗的資料，多數的未知就變成「已知」了，已知後仍然可以不喜歡，但不至於「恐懼」且被影響。

「情緒」也是這樣，負面情緒不是真的不好，只是欠缺更進一步的認識，如「怒氣」本身並非罪魁禍首，反而是壓抑太久才會大肆破壞，若能適當表達怒氣反倒是助力。將味覺不適感的練習，改為「情緒不適感」同樣能操作，讓心智本人有意識地進入耐受、觀照與理解的階段。萬一情緒太強烈，就先離開現場吧，減少刺激，待情緒冷靜後再來拆解。

TIP

情緒是情緒，我是我！

情緒正要告訴你一些事情，記得情緒只是指標和能量，「情緒是情緒，我是我」，理解情緒就會有新的發現喔。

18 正確的逃避而不上癮：正大光明的逃避，而不是尋求替代品

你下班後常癱在沙發看電視？遙控器一直轉台，不知道看一台，經常不由自主睡著，電視被關掉又醒過來……。

你回家後常看手機訊息、玩遊戲，一開就欲罷不能，吃飯也看、躺床上也看，直到半夜兩點，然後才累到不知道怎麼睡著的……。

你對某種東西愛不釋手，沒有它不行，沒有它甚至會焦慮，例如抽菸、喝酒、吃甜食、暴飲暴食……。

當你做完這些事後，你並不記得電視劇演了什麼、不知道手機剛剛看了什麼、吃東西也沒什麼感覺。這些事做了並不會更好，但是不做就很焦躁，還影響其他該做的事。

小心，這符合了廣義的「上癮」機制，深陷泥沼無力跳脫，起初並不嚴重，但會溫水煮青蛙，逐漸失去對生活的熱情與自主，過一天算一天罷了。

逃避真正想要的轉求替代品，也會上癮

上癮一般泛指酒與毒品生理性的物質濫用，很少人注意到上癮也是種心理機制，當人們陷入此機制無法自拔時，他們什麼都不要，只想逃避。

當人們認知到終究不會有人回應自己的需求時，他學習到無助，於是關閉渴望，把需求、情緒都關在身體裡，然後切斷與身體的連結，假裝沒有需求。例如，一個從小到大不被父母擁抱，只被譴責和體罰的孩子，長大後會說：「我不需要擁抱。」會說抱抱時汗水黏膩很噁心，但晚上卻緊緊地抱著棉被睡覺。

「假裝不需要」並不會真的不見，潛意識會尋找替代品，像是喝酒或用藥，這類物質會刺激生理，產生麻痺或興奮反應，一方面逃避現實，一方面短暫有感。如果得不到想要，有什麼就是什麼吧，總比什麼都沒有的好。

任何物質都可能上癮，如前述電視、手機、食物，陷在感官享樂裡，讓心靈麻痺，強迫身心分離，真正的情緒與需求不被看見（因為看見了也解決不了，不如不看）。空虛對空虛，潛意識也衍生無濟於事的對應，以重複、無意義的動作（一直轉台、滑手機、強迫洗手）分散對未滿足需求的不滿。

人們知道「喝酒傷身」，但「不喝會傷心」，上癮機制是沒人理會只好自得其樂，藉物質壓抑情緒、放棄思考，從人際關係退縮，退到內心世界自尋刺激，只剩身體

無意識的運作。物質刺激是生理酬賞，快速且有感，身體被生理機制拉著走，強迫自動反應，獲取短暫的快感彷彿自己還活著，最後「尋找替代品」本身變成生活唯一目標。深陷之後，未滿足的洞會越來越大，空虛感也更明顯。

最終，喝酒、嗑藥被視為身體的問題，它被分到壞的一邊，閃避真正的困擾，當人們身心分離、內外不和諧，表示無法與自己和好，當然也無法跟他人和好。

逃避不可恥，光明正大地逃吧

無法面對不可承受的情緒，與過去創傷深重有關，為避免再受傷，內心會出現檢查員，一種稱「超理性」，忽視感覺，不相信感覺；另一種稱「共依存」，忽視自己，只聽從外界人事的反應，才能決定自己該怎麼辦，這兩種負責自我隔離，排斥新的可能性，認為只有替代物不會傷害他。

上癮是種逃避，找無意義的事讓自己瞎忙，沒準備好面對現實。逃避也是情緒，情緒是老大，先接受它才是上策，等它平靜了再談人生道理。因此要避免上癮，反而該允許自己逃避、明著逃，接受自己在逃。

①先接受小逃避——覺察身心分離的小動作

先從小焦慮開始覺察。每個人平常都有身心分離的習慣動作，像是不自覺咬指甲、撕皮、摳傷身體……，這些小動作不是單純的習慣，都是短暫的身心分離。

主動覺察這些小動作出現的前因，有意識地小逃避，接受自己有時需要分神、放空，不想面對。意識上知道很重要，先從小地方開始覺察，往後遇到大的衝擊才懂怎麼反應。

②可以全員逃走，但必須設時限回來

人遭逢重大挫折時，「明天」頓時會失去意義，我曾因為這樣而無法上班，臨時請假搭火車去一個從沒去過的小站，在站外小鎮沿大街走了一圈，找家攤販吃中餐，傍晚再坐車回去。一邊走路的時候，一邊想著未來怎麼辦？人生之後要怎麼收拾？如果一切重頭又如何？我甚至想搬去偏鄉當農夫隱居。不過無論怎樣逃，我設好時限，晚上得搭車回去。

有位研究所同學失戀，他允許自己醉三天三夜，完全與外界失去聯繫，第四天就正常來上學，然後哭著說他被拋棄了。

逃避時三十六計走為上策，坦蕩蕩地逃，做什麼都行，那是種儀式，然後，要記得回來。

③從逃避中找到真正的需求

若不允許逃避，反會啟動潛意識的防衛機制，當它盲目滿足內心渴望時，會像保齡球打出火雞一樣，不管三七二十一全倒，然後等理智醒來收拾那些被打飛打爆的殘局。

與其這樣，不如光明正大、坦蕩蕩的逃走吧。在逃走儀式裡讓能量宣洩，釋出空間讓大腦恢復理智，在逃走中的自言自語更能明白自己的需求為何。面對真正想要的東西，想想自己還能做什麼，就會在生理、認知和情緒面都覺得「逃避已經夠了」，願意摸摸鼻子面對現實，盡可能解決困難。

探索上癮的心理機制

上癮讓人退到內心世界自尋刺激，不敢再碰真實世界，讓身心短暫分離，讓真正的情緒與需求不被看見。

同時潛意識衍生無濟於事的對應，以看電視、滑手機、吃不停或強迫洗手等重複且無意義的動作，分散對未滿足的不滿。

沉迷於某種物質、行為、信念都是上癮的預兆，必須警覺。

知曉真正的需求後，可以照顧自己、定義自己，能調整注意力，過濾著讓營養有用的東西進來，在人際互動中有清楚的定位。

逃避是緩和情緒的方式，真正欠的東西總是要還，仍要面對壓力與改變，但此刻先不要那麼緊繃，允許頹廢、墮落一下又何妨，休息過後就會有更清楚與更強大的能量，絕處逢生。

TIP

逃離後再想辦法

先逃走，離開現場。逃走是種儀式，你會回來的，總是有辦法的。

19 正確的放鬆：不求效率、全心投入一件事，是主動的休息

當手上的事情太多時，不妨去打一下瞌睡，只要十分鐘就夠了！

聽起來也許會覺得有點荒唐，不過，偷閒讓意識暫時空掉，往往是面對緊急事務的最佳方式。

從忙碌的一天中找出時間鑽進薄毯子裡小睡片刻，就跟挖個地道逃亡沒什麼兩樣，它們都可以讓你悠遊地面對繁忙工作、撞期行程，以及無可避免的頭疼。它使你在片刻之後，便能以新的面貌面對人生。

薇若妮卡·魏那，《無所事事的藝術》

「主動的休息」，才是放鬆的關鍵

你有正確的放鬆過嗎？

放鬆不是喝杯啤酒「哈～」的一聲、不是被推拿按摩，也不是吃頓大餐或看聲

光強效的電影。上述活動裡，感官和身體仍藉由另一種極端感受在對抗疲勞，而依賴外力刺激的放鬆並不是真正的休息。

文明社會讓我們把「效率」這件事內化了，每個人都設法讓某些事情快速發生、快速完成，無所事事則被視為偷懶、投機、消極，使得我們靜下來就會焦慮，怕被認為沒有秩序、蹉跎時間。

正確的放鬆恰恰相反，是「主動的休息」，不是甚麼事都不做，反而從事一些沒有目的、沒有利益的行為，專注使思想和身體安靜下來，卻保持清醒的覺察力。可能很難相信，專注一小時整理書桌的抽屜，是在休息與放鬆。這種放鬆是內在寧靜，

身體需要什麼就給什麼，利用感官來放鬆！

主動讓身體放鬆的原則，是緩慢、專注感受每一刻的感官體驗，像精讀一本書，作者是你自己，而你仔細咀嚼著自己所產出的作品。舉凡品嚐、泡澡、深呼吸、做體操等，都是很好的身體放鬆方向。

是主動的、緩慢的，心靈清醒地知道每一刻正在做什麼。

正確的放鬆不管效率，但內在卻是全神貫注，你的大腦需要被教育如何放鬆，以理智去抵抗偷閒、無所事事時自動產生的罪惡感，那些都不是真的。記住主動的休息，關鍵在「主動」！

主動讓身體放鬆的原則——專注感官的體驗

主動讓身體放鬆的原則，是緩慢、專注感受每一刻的感官體驗，像精讀一本書，作者是你自己，仔細咀嚼著自己所產出的作品。

讓身體放鬆很單純，身體需要什麼就提供，不過要專一、緩慢地餵養它，沒有負擔地吸收與消化，以下有幾種讓身體放鬆的方向：

①品嚐

吃與品嚐不太一樣，吃是滋養身體，但品嚐會滿足心靈，吃得愉快，心情也會愉快。品嚐時，要十分專注，才能吸收眼前食物的「資料」：包括色彩、形象、溫度、質感、口感及味覺，這才是「完整的味道」，並儲存在資料庫裡。要放鬆品嚐，細嚼慢嚥就好，不要看手機，專心地吃。原型食物比精緻再製的食物好。

②**泡澡**

泡澡之所以舒服，是因為水喚起了嬰兒在子宮裡的遠古聯想。水讓我們放鬆，當深沉入水後，因為力學原理，身體會感到輕盈與融合，把身體交給水去承載，讓意識暫時離開一下，不再分辨何處是水域的交界，何處是身體。在家裡浴缸、溫泉池或運動中心的SPA都能如此體驗。

③**深呼吸**

呼吸是每天在做卻又不自覺的事，共有兩種型態。

1. **肺部呼吸：在胸部氣體交換，短暫急促，應付生活壓力，若更緊急，人會暫停呼吸全力衝刺。**
2. **腹式呼吸：在腹部氣體交換，過程緩慢充足，是深呼吸的一種型態，能調節養息放鬆身體，多在晚上或休息時自動切換。**

呼吸攜帶氧氣傳送給身體細胞，發揮效能，若想消除緊繃，請刻意深呼吸，讓緩慢的呼吸動作反過來鬆弛心靈的緊張。腹式呼吸的同時也可練習自我覺察，將手放在腹部，配合呼吸想像空氣進入腹部使其鼓起，呼氣時則慢慢由嘴巴吐氣，一併排放負能量。專注在呼吸的一舉一動，大約三至五分鐘就能轉換情緒。

若遇身體疼痛，則轉由快速呼吸轉移痛苦，一呼一吸甚至喘氣都有調節、宣洩和抒發的效果。

④做體操

如果玩過機器人模型會知道，人類身體有很多可動關節，但過度勞動卻會讓我們只固定做那幾種動作而已，維持同姿勢太久肌肉會痲、會硬，因此坐辦公室的人肩頸僵硬，做工的人腰骨痠疼。過度勞動並非運動量足夠的意思，反而是損耗身體。

做體操能伸展身體可動關節、放鬆肌肉和調整呼吸，作法很簡單，記得小學時的健康操嗎？選那個來做就好，例如「雙手手臂向兩側平舉與肩同高，再慢慢放下」這組動作，請定頻做，配合定頻呼吸，持續三十秒（約十二至十五下）。一開始時手臂會痠，正常的，因為太久沒動了啊。請上網自行挑選範本十至十二組動作，連續接著做，總長約五至八分鐘，睡前和起床各做一次，包準睡眠好精神足。

主動讓心靈放鬆的原則：把注意力留給自己

主動讓心靈放鬆的原則，是刻意抵抗追求效率的大眾思想，同意無所事事也很重要，讓內在寧靜，和自己獨處，不再處理外在任何刺激、不解決任何問題，就像張開一層保護罩，你決定那層空間的大小，過濾著你要或不要的東西。意識可以選擇專注的休息，也可以選擇放空與環境融在一起，收放自如，即使不小心睡著也沒關係，精神飽滿醒來，就是正確的放鬆。

心靈的放鬆，是讓注意力轉向自己，有以下幾種：

①集中注意力而放鬆

讓注意力集中在某個焦點，像是高倍放大鏡，專注看往內在。先專注在呼吸上，跟著吸吐頻率安靜下來，接著以該焦點掃描身體，像電流一般檢查全身，感覺身體各部分傳回來的壓力，是否痠痛、緊繃，這是冥想的一種。

冥想時你是自己的領導者，摒除煩惱雜念，專注在感受上，專心聆聽身體。不向外看而往內看，是放鬆的一種型態。

②發散注意力而放鬆

與冥想相反，讓注意力發散吧，放它自由。發呆或放空都可以，讓外在刺激像浪潮般從眼前刷過，它們影響不了你。放任念頭來來回回，像看天上的雲一樣，任由出現神奇聯想或奇幻心得。

若注意力常常分散，也可能是能量用完了才無法操作與判斷，既然腦袋快要斷線，不妨就順著安睡一下，即使大腦休息了，潛意識一樣會幫忙處理瑣事，醒來之後或許就想通了。

③隨興注意力而放鬆

有時候要做的行程因故中斷或卡關，迫使我們必須等候，而且不知會拖延多久，在此當下，很多人無法享受突如其來的時間，反而盯著手錶，感到節奏大亂而受挫，覺得不耐煩、神經緊張。等候讓時間特別漫長，因為是被迫的。

記得主動的觀點！我們改變不了時間，但可以改變語態，你不是被延遲而是擁有等候的偷閒。可以隨興注意四周，看不曾關注的角落，走走晃晃，寫下靈感，整理某個思緒，或者純發呆也很好，這是難得的放鬆時間，想做什麼就做什麼吧。

滿足身體與心靈的需求，就是愛自己

正確的放鬆是照顧自己的身體與心靈，也是愛自己的具體方式，這需要練習，因為得和自己獨處，並且無所事事，同時要抵抗社會主流不該浪費時間的內化譴責，這是最難的第一步。

無所事事並不意味消極怠惰，而是正在做一件無以名狀的事，主動在那一刻重拾自在。感覺累的時候就休息吧，或緩慢的吃喝、專注地呼吸，享受寧靜。主動的休息，正確的放鬆，這些都是內在私密，不必對誰抱歉。

TIP

無所事事的藝術

「遊手好閒於現在式中，給你的未來一個值得回憶的過往。」薇若妮卡・魏那《無所事事的藝術》

Part 3

知道自己的弱，才知道自己可以勇敢

20

學習用注意力保護自己：若不想聽廢話，教你左耳進右耳出

當兵剩七個月時，部隊新舊主管交接，新主管為展示權威，常把舊勢力屬下的我叫去訓話，一開口就滔滔不絕，至少二十分鐘起跳，內容毫無意義，無非是貶抑我、彰顯自己，再說白一點是碎念、廢話、下馬威。

因為他是主管，即使知道是廢話，心情還是會受影響，在一對一的情境下，也不能摀起耳朵。這到底該怎麼辦？

「注意力」是怎麼運作的？

對方講廢話的情境很常見，只要「左耳進、右耳出」就好，沒有錯，不要認真聽，但要怎麼做呢？善用人類注意力的特性，一次只能處理一類訊息的原則，篩選有用的進來，模糊掉沒用的內容以保護自己。

大腦每天接受數以萬則訊息，在認知系統裡重組作整理和判斷。感官接收訊息

（耳朵聽到什麼），傳至大腦後由額葉進行解讀，並判斷它對個體的意義，若發現影響不大（如邊桌旁人的閒聊），會把訊息設為背景（類似噪音的判定），下次碰到類似情形就不會再留意。

「注意力」是一道評篩，讓訊息不用全部都被處理，它區分哪個要解讀、哪些可忽略，像是相機窗框的聚焦點，決定窗框內是主體，其餘的則是背景。背景雖存在但不被處理，會變得模糊，就像跟朋友的對話會句句清晰，邊桌旁人的聊天聲則變成雜音，甚至只是嗡嗡聲。如果因為朋友的話笑了，出現情緒，是因為訊息被大腦理解為好笑、幽默的意義。

注意力在兩種狀態中無法使用，第一是疲勞，評篩訊息需要專注，但專注久了產生疲倦，例如上課內容艱深難懂，聽不懂處得重複確認，這太花力氣，很快就會疲倦、放棄聽課，任其放空或打瞌睡；第二是故意忽略，因為不喜歡課堂老師，選擇不聽他講話，也被轉成不具意義的句子或嗡嗡聲當成背景。注意力的範圍是有限的，一次只能有一個主體，如果硬要一心多用，容易每件事都處理不好。

讓我們複習一下「注意力」的特點：

一、注意力是一道評篩，可以主觀選擇，區分主題與背景。

二、注意力是有限制的，訊息需要耗力處理，無法一心多用。

如何「使用注意力」保護自己

訊息每天數以萬計，網路世代更是資訊爆炸，手機滑過去都不知道要看什麼，腦袋放空是最常出現的保護調整，但也有缺點，太常放空後注意力會渙散，很難主動篩選訊息，無法決定，容易跟著別人走。

不要等到腦袋爆炸才懂得放鬆，要練習偶爾讓注意力發散與自由奔走，或注意力轉到內在，做主動的休息。底下分享使用注意力保護自己的使用法：

方式一：想休息時，把注意力從「外在」轉到「內在」

休息不一定是睡覺、看電視或打電動，正確的放鬆必須採取「主動的休息」，可以無所事事，任其分心、打瞌睡，投入自己喜歡做的事（如整理抽屜）。主動做是關鍵，而主動需要注意力，將對外在的注意轉移至內在。

注意力調向內在，沉沁在自己的世界裡，專注深呼吸、專注在五感體驗或無限想像裡，張開防護網，不理會外來訊息，只傾聽自己（請參見第十九篇「正確的放鬆」）。

方式二：被碎念或聽廢話時，把A感官的注意力轉移至B感官

我們一定有被碎念、被迫聽廢話的時候，對方有時講話傷人，有時是無意識的嘮叨，因為是一對一，無法故意不聽。放心，仍有對策可行——鴨子划水！你表面平靜，但心理做別的事。

利用注意力一次只能專注一個主題的原則，注意力改放在「視覺」而不是「聽覺」，主題改在對方的臉而不是說話內容，請刻意將對方臉孔看仔細，讓認知系統忙於處理視覺訊息，讓他所說的內容擠不進來，變成背景雜音。

上例部隊主管訓話時，我假裝在聽，但其實是用眼睛細看主管的臉，細數臉上的毛細孔、皺紋、痘痘、汗毛、斑點……，專注的看與數數，想像這個人的生活如

主動用注意力保護自己，才不會讓無用的訊息干擾！

「注意力」在認知過程中是一道評篩，它像是相機窗框的聚焦點，決定窗框內是「主體」，其餘的則是「背景」。背景不會被處理，它雖然還在，卻會變得模糊。主動用注意力保護自己，讓無用的訊息進不來！

何刻畫這些痕跡，注意力忙著做這些事，主管的訓話便只剩嗡嗡沒有被處理的雜音，由於我認真地看著主管，也不會被認為不禮貌，若主管停下來問：「懂了沒、有聽到嗎？」此時再立馬回神說：「有！」。

我們不能阻止耳朵聽，但可以選擇讓眼睛很忙，轉移注意力，就能不處理不解釋耳朵聽到的無用訊息，保護自己不受干擾，遠離有害的嘮叨和碎念，正所謂聽而不聞。

轉移方式需要事前練習，建議先從沒有字幕的新聞報導開始，試著專注看主播的臉，會發現她說的內容漸漸聽不清楚，好像在觀看靜音的畫面。

方式三：陷入負面情緒時，能做什麼以幫助注意力轉移

面對強大負面情緒時，注意力常是被綁架的，整個人被迫沈溺在過去創傷的情緒漩渦，想找出路卻跳不出，此時光靠意志轉移注意力是不夠的，必須有具體行動幫忙。

①離開引發的情境

「觸景生情」就是注意力被某個外在刺激勾起情緒和回憶，一直被提醒的結果，若注意力停在受傷畫面，被迫品嘗細節，就會刻苦銘心特別痛。避免的方式是離開該情境，減少刺激來源。可以去散步，一直走路看見新風景，從視覺轉移注意力。

例如：失戀後的陣痛期，痛苦情緒會不斷襲來，常感覺孤單寂寞。轉移作法便

是情緒來時，先離開「獨處情境」，到樓下便利超商也無妨，接著打電話聯繫關心你的人，若一時找不到人也可先以寫信的方式寄給朋友。

試著去做一件事或找人聊天，利用它們佔領思緒，把痛苦變成背景。短期轉移直到情緒張力緩降，不再沉溺負面情緒為止，並趁狀態稍好時面對壓力源，讓負面情緒得到解釋、有所安置。

②製造平衡，以紙筆記錄「其實我還擁有什麼」

被負面情緒吸引時，注意力只會篩選過去不好的事打擊自己，因此要刻意對抗它，條列式寫下「自己還有什麼」以平衡「我什麼都沒有」的負面連結。建議平常就用日記寫下感動時刻、美好經驗、獲得什麼成就，若負面情緒一來便能馬上回顧，提醒自己其實還擁有很多。

若是嚴重心理創傷所引起的負面情緒，前述轉移就只算是急救，後續處理仍需要找心理專業協助。

TIP 注意力的選擇（Selective Attention）

注意力是一個選擇過濾器，未受注意的訊息會呈現減弱狀態不被辨識，但若出現在意的關鍵字，像是喊你的名字，仍可以再次引起注意。

21 學習讓自己抵抗：叛逆一點又何妨，不要服輸

這是志明在高中時發生的事。

當時他是教會青少年團契會長，教會牧師三十八歲，曾是橄欖球校隊，身高一百八十三公分，體格壯碩，有一天他突然要志明到會堂旁的小房間密談。牧師劈頭就指責志明不該這樣做，應該遵守教會規範。志明解釋並不是這樣，但牧師仍堅持是他的錯，而且越來越大聲。

志明不可置信地看著牧師，想辯論但氣勢跟不上，當時團契輔導走過來，志明轉身跟輔導說：「算了，你跟他解釋吧。」沒想到對方沉默。

牧師開始大聲咆哮，說志明違反教會傳統、對牧師不敬，上禮拜青少年聚會查《聖經》時為什麼讓他難堪，為什麼在他問問題時在台下說：「這個大家早就知道了……。」導致全體大笑，害他不知道怎麼接下去。

牧師把正在主持活動的志明強拉過去，並對他吼叫長達十分鐘，這下可好，所

有人都知道志明被罵。牧師為了之前他被羞辱的事，此刻正十倍奉還攻擊。

志明嚇壞了腦袋一片空白，孤立無援，反射性地跟牧師道歉，直到牧師氣消後才放志明出去聚會，還自滿地說：「你知道就好……。」

那陣子志明的心空了，去教會也只剩軀殼，他不在他的身體內，但他下意識在內心保持某種對抗意識：「我瞧不起這個人，也永遠不會理他。」

被社會馴化的內在

讓牧師難堪是違反社會規範嗎？社會有很多成規和共識，而成規又與社會評價相連，例如好學生就該認真上課、尊師重道、自律學習……，違反社會所設定的範本行為時，就會被冠上不乖、無禮和叛逆的負面標籤。

牧師說的對，會這麼生氣是因為當時志明不夠尊敬這個職位，乳臭未乾的青少年怎麼能在他人面前挑戰牧師的權威呢？這讓他太沒有面子了，所以被罵、被教訓很活該。

如果你也同意這是理所當然，就表示內在被社會馴化了，同意社會成規就是那樣，是青少年血氣方剛的錯，不懂做人道理、思慮欠周，年輕人畢竟是年輕人。

真的是這樣嗎？我不同意，志明那一段經驗，並不是牧師權威使其臣服，而是橄欖球校隊的壯碩體格讓志明感到害怕、感到威脅，才委屈自己演出求生的本能反應。成人並非比較厲害，而是比較霸道，再加上社會成規的包裝，讓他兇得名正言順。

沒有人想被馴化，都想做自己，在人生發展中至少有兩次明顯的抵抗、卻被誤稱為「叛逆」。

第一次叛逆是兩歲，自我中心觀點萌芽，俗話說「兩歲豬狗嫌」，小孩以「不要、不要」顯示主權，但礙於發展限制，無法清楚表達要什麼，故讓人煩躁；五至七歲再一波，不斷頂嘴，凡事想自己來，不想被大人指示和建議。

第二次叛逆從青春期到出社會後都可能發生，青少年身心已然發展，急需在同儕前證明自己，認為只要我喜歡，凡事都可行，不惜衝撞體制表現他的自主與自由。第二次叛逆一定會出現，青春期如果太乖，出社會後總有一天會突然發現「不想做社會要你做的那個你」，從此性格大變。

叛逆是什麼意思呢？我們可以這樣定義：「終於自己做決定，無論對錯，並且捍衛這個決定，不計代價。」叛逆，就是抵抗被馴化。

不要服輸：不跟著他們否定自己

心理學家艾瑞克森（Eric H. Erickson）提出自我認同的概念，自我認同是指：「我能說出我是誰」的自我意象。艾瑞克森認為「我是誰」是逐步建構的過程，每個人在生活經驗裡碰撞，並從事後反應、認知學習與主觀解釋中共同組成對自己的看法。自我認同也包括：「別人認為我是誰」、「我可以成為誰」和「我認為我是誰」，由此形成「自己」的主性格，再據核心做出判斷和行動。自我認同起初受社會成規、周遭大人、權威角色給予定義，但長大後就會發現社會規範也並非絕對真理，才再次啟動屬於自己的第二成人期。

不能反抗時，如何從內心抵抗？

在屋簷下不得不低頭，很難硬碰硬反抗。當下我們可以用「角色」的面具保護自己，當成替身承受，那是角色要做的事，並不是真正的我被打擊。

角色態度或行為可假裝演戲配合對方，不必和對方正面衝突，而是在一定範圍內陽奉陰違，繼續做自己認為對的事。

因此，被社會評價時要記得相信自己，也許與社會的走向不同，但當時會那麼做一定有自己的信念，不必否定已經表現出來的行為，別被說服而接受那就是你的錯。對與錯的判定都跟情境有關，更多時候只是人情、面子問題，不是價值觀本身，別過早歸因是自己的錯。

就像牧師加諸於志明的，表面譴責青少年的無禮，實際上是不敢面對自己的無能。我們一定要抵抗「順服」這件事，抵抗不必一定要推翻甚麼，只是維持自己的樣子，切割那些強加在身上的標籤。做不好的行為可以調整（例如禮節），但不要服輸，不跟隨他們否定自己，萬一當下驚嚇無法反應，沒關係，事後也要提醒自己，看清局面，我們只是暫時退一步，換取未來的海闊天空。

不能反抗時：陽奉陰違，從內心抵抗開始

有時候因為強權，人在屋簷下不得不低頭，很難硬碰硬反抗，但可以陽奉陰違，從內心抵抗起。建議當下用「角色」面具保護自己，當成替身承受，那是角色要做的事，並不是真正的我被打擊。角色的態度或行為可假裝、演戲配合對方，配合的同時在背後比中指。不必跟對方正面衝突，而是在一定範圍內陽奉陰違，繼續做自己認為對的事。最後，為了不必如此寄人籬下，要成長為更強壯的樣子，盡早獨立。

志明在教會被咆哮後，努力維持團契幹部的角色，內心受傷的那一塊則封存身體冰箱。志明所做的小小抵抗是，在心裡把牧師切割，「真我」不再理他，跟他說話的只是幹部角色。後來那位牧師任期結束，其風評早就惹得眾人怒，表面的挽留都是客套，慢走不送才是真的。

在教會受傷的陰影直到多年後志明才重新面對它，從冰箱取出，探討當初怎麼回事而得到釋放。有時候受傷不一定要馬上處理，可等成長後，回到過去再次抵抗，假若再有相同場景，志明必會吵回去，反抗到底，他的體型已跟牧師一樣高壯，不再是無助的青少年。

一定要學習讓自己抵抗，沒有人可以否定你的努力。

TIP 從內心抵抗起

順從不是美德，保有自己的樣子才是，抵抗能讓你清楚你是誰。

22 學習讓自己依賴別人：依賴啦，哪次不需要依賴？

冰雪公主原本並不是這樣，她是無憂無慮、開開心心的小女孩。

小學時父母離婚，傷心欲絕的父親告誡她：「每個人都是自私的，不要相信別人，誰知道他有什麼心機？」她不懂這句話，也不懂大人的世界，但她記得不再被父親抱了。

冰雪公主長大了，高中迎來初戀，對象是她單戀的學長，簡直像是作夢，不過好景不長，竟然兩個月不到就被分手，學長什麼都沒說，輾轉才知他嫌她：「太黏人、太煩了⋯。」更慘的是，學長很快有了新女友，她不禁懷疑是否被學長利用，那兩個月不是真感情。

冰雪公主認為父親的魔咒似乎應驗：原來沒有人真的愛自己，都另有心機，甚至連父親也是，除了繳學費，他們無話可說好多年了，他真的在乎她嗎？

冰雪公主下定決心施展魔法，冰封內心，往後不讓自己親近他人，也不讓他人親近自己。

「要不要一起去參加活動？」「不用了，謝謝。」

「要不要和我們去吃中飯？」「不用了，謝謝。」

「這東西不錯吃，要不要一起團購？」「不用了，謝謝。」

冰雪公主的凍結魔法是：沒有人會真的關心她，所以不用交心，而主動靠近她的則別有用心，因此不給機會。先拒絕別人，以免被別人拒絕，讓自己處在絕對安全不受傷的城堡。

安全是安全，冰雪公主卻越來越孤單，內心感到空洞，感覺被世界拋棄，不知道未來要做什麼，過一天算一天，日復一日勉強生活……。終於某天大爆炸，她失眠、暴哭、厭世，再也撐不下去，什麼事也不想做……。

冰雪公主的故事不是迪士尼版本，沒有天降王子神奇拯救，她繼續憂鬱中。

冰雪公主養成的兩種原因

①對依賴的恐懼

你會依賴嗎？依賴好像是小朋友時候的事了，那時我們會撒嬌、會任性，做什麼都可以，不會什麼也理所當然，那是「被無條件關懷」的美好經驗，也是發展自我肯定的基石。

這些美好自上學後就消失了，再也不被允許任性，開始被要求遵守規範，變成做什麼都理所當然，不可以什麼都不會。父母也變了，看見好結果不會肯定孩子，但看見壞結果會嘮叨碎唸，總是「做得好的」不會讚賞，「做不好的」會強調錯誤。

父母希望孩子不要怠惰自滿的「間接關懷」，其實是反效果，孩子覺得自己很沒用，沒資格要什麼，也對依賴感到害怕。表現脆弱既然被唸，也只好收起來自己處理（其實只是忍耐），壓抑一旦養成習慣，下意識就不敢任性，不能依賴，不給別人製造麻煩。

久之，孩子對依賴形成恐懼，情緒失控怪自己，認為「真實的我」很糟糕，放出來會害人、誰敢接納呢？又或者一旦依賴了，會不會別人嫌黏、嫌煩，很快就放手？孩子不敢要求父母，可是孩子的內心又想被照顧，變成了想要又不該要的窘境。

②文化角色：你要成為「照顧者」

長大後，社會教我們要成為有用的人，報喜不報憂，要懂得先照顧他人，日後他人才會照顧你，這是人際回饋的成規。成長便是成為「照顧者」角色，能獨立工作、自給自足，不示弱也不麻煩別人。

當成為照顧者，無論男女生都成了冰雪公主的模樣，社會適應及工作能力很強，但情感方面很弱，即使假裝不在意，可一旦有情感滲進，他們就會情不自禁，無法拒絕別人，非常感動別人對他的好，她們心裡期盼再被溫柔對待，以致親密關係一旦開始，即使再糟也不放手。

「依賴」是必須的關係基石

沒有依賴這塊重要情感，人便無法自我肯定，而成長過程中隨後的自律與學習也很容易垮台。

「依賴」的正解是，當自己脆弱時，有人能理解並給予暫時性的保護，令人安

「依賴」是建立「自我肯定感」的基石！

「依賴」的正解是，當自己脆弱時，有人能理解並給予暫時性的保護，令人安心；依賴是被允許暫時失能，當個孩子，可以盡量哭、隨意發洩不用擔心；依賴是擁抱、安慰、無條件關懷。依賴就是允許任性，被支持說都沒有錯。

心；依賴是被允許暫時失能，當個孩子，可以盡量哭、隨意發洩不用擔心；依賴是擁抱、安慰、無條件關懷。依賴就是允許任性，被支持說你沒有錯。

允許依賴，可從允許自己撒嬌和請求幫忙開始，其中撒嬌最為重要，因為可像孩子般不拘形象的要求。撒嬌，是啟動對方表達關愛的按鈕，你有要求對方便有回應，而不撒嬌（一律婉拒）的冰雪公主，他人也會害怕被拒絕而不敢表達關愛。

若撒嬌自由表現，任性自在玩耍，我們孩子般的心靈才會覺得受到重視，才會有安全感，才會有學習成長的能量。

從「說出自己的需求」練習起

因為沒人教，依賴便需要練習，在親密關係裡表現撒嬌，在友誼關係裡試著請求幫忙。有些人擔心這樣造成別人負擔，其實不會的，要相信對方可以承接，而且「依賴」是種「救急不救窮」的概念，依賴是短暫的依靠和避難，不是黏人，之後你會振作成長的。從「說出自己的需求」練習起，先說明來意，有清楚的請求和時限，當對方確實明瞭，心理就能做好準備，產出自在甘願的依賴與被依賴、照顧與被照顧的一段互動。

薇薇安・狄特瑪（Vivian Dittmar）在《整理情緒背包》這本書中，提出求助怎麼具體呈現：

1. 先為自己設一個朋友清單，至少三個信任的人，事先與他們商量在困難時你會需要幫助，包括網路、電話或見面方式。之所以設三個人，是緊急時刻至少可找到其中一位，也讓對方能選在適合的時候自在回應你，不必覺得自己是唯一的救命索而負擔沉重。

2. 求助時，直接說清楚來意，告訴對方現在需要情感支持，並大約會花多少時間？如電話或網路聯繫以十分鐘為單位，如果狀況比較複雜，再約見面聊。清楚告知目的和時間，好讓對方評估是否能接受，例如：「春嬌，我現在狀態不好，能陪我電話聊十分鐘嗎？」

薇薇安・狄特瑪最後建議，如果擔心求助會麻煩對方，感覺虧欠，之後可主動提供對方「你也能依賴我」的時間和方式，這麼一來，當對方也需要求助時，就不會不好意思來麻煩你，雙方都能互相幫忙。

任何人都需要依賴，否則會轉往「上癮」

依賴不是孩子專屬，任何人都需要依賴，在日本，男人工作之餘會到小酒吧尋求媽媽桑的安慰和支持，也是另一種撒嬌與依賴，酒醉的男人哭訴著他的辛苦，然後媽嗎桑就像母親一般拍拍肩、摸摸背：「好啦，我都知道了！」令人療癒。

若是缺乏依賴，也不向彼此撒嬌，失落的情緒就會轉往「上癮」尋求安慰，如酒精、藥物、食物、遊戲、購物、工作過度、手機……等各式各樣有形之物和重複動作，讓感官忙碌以轉移孤單，做短期轉移還可以，長期就會陷入上癮的逃避心理機制。

想要安心和滿足，就得在信任及親密關係裡有所依賴。依賴需求有所滿足，無後顧之憂，也才有面對生活傷疤和壓力的勇氣。

TIP

需要什麼直接表明

想依賴最怕被拒絕，多數人會先試探對方「你現在有空嗎？」給自己留後路，但訊息未明狀態下，對方很難意會你到底要什麼，過多的臆測反讓彼此尷尬。建議具體明說：「我發生了什麼事，現在需要支持，能陪我電話聊十分鐘嗎？」越清楚越好。

23 關係裡的界線：從界線看交情，主動經營關係

志明和春嬌在社團裡剛認識，吃飯時他們坐在餐桌斜對角禮貌交談；興趣相投聊得來，他們吃飯時改面對面坐；後來他們想了解更多對方的事，吃飯時乾脆坐在同一邊談天，身體也靠得很近。

他們的舉動令人曖昧，志明的朋友開玩笑向他說「恭喜脫單！有需要兄弟就來幫忙」。春嬌的朋友則七嘴八舌，有人覺得很好，有人覺得小心一點，也有人說那個誰誰誰也曾跟志明曖昧過結果又是怎樣…小團體裡一人戀愛眾人評價。志明和春嬌一度被傳言所惑，吃飯時又坐回斜對角保持距離。

後來志明的父母離婚，是春嬌陪他走過低潮期，他也才知道春嬌從小便是單親家庭，他們交換秘密、患難見真情，從此關係更加穩固了。

要知道人際界線怎麼定，先認識「自我感」

人際界線是相處舒服的距離，界線怎麼定與自我感有關，篩選了哪些人可以親近，哪些人則疏遠。

「自我感」與「自我概念」很類似，自我感以感性為主，自我感穩定的人能肯定自己的感覺、身體的感受，並依此感受去界定界線，如「我感到不舒服，請你離遠一點」。自我感越穩定，越清楚人我界線與自我保護，也有一套彈性的選擇與應付方式，自我感越弱的人，只能靠外部明文規矩保護。

人際界線在設定時有三種屬性：

1. 客觀界線：以價值觀區分我們是否談得來，如不談錢、不吃辣，政治傾向。
2. 身體界線：我的身體就是我，不能隨意碰觸，越親近的人才能比肩相鄰。
3. 心理（情感）界線：有自信、懂得照顧自己，不被不重要的人影響情緒。能讓信任的人走進內心。

人際界線的比喻像是中央有個核心，小圈圈一層一層往外畫出界線，構成同心圓，這是多數人認為的界線思維（如圖）。

不過還有另一種不同形式的自我，心理學家卡羅爾・吉利根教授（Gilligan）於一九八二年提出女性的自我概念並非同心圓，是「關係中的自我」（如圖），「我」

並非在圖的中心，而是必須在一大圈關係裡被群體簇擁拱出。這是因為女性被社會期待成為照顧者，所以她得先滿足關係裡的每一個人（在大圈圈內那些各自獨立的小圈圈），在乎他人的反應，等到大家都滿意後，她的感受被眾人肯定，累積後才生出自

男性的自我
V.S.
女性「關係中的自我」

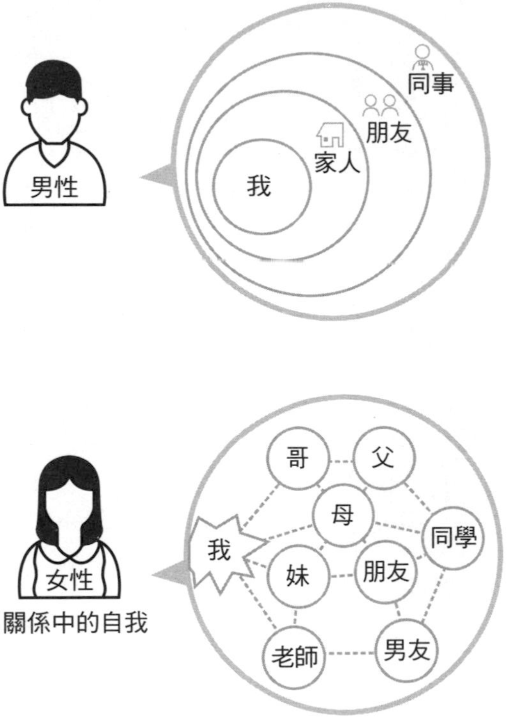

我認同，然後才有她是誰的核心與人際界線。

女性的自我初期是模糊的，人際界線自然也模糊，跟男性自我以核心為發展點的順序不一樣，界線怎麼設定也有差別。發展不同不是天生差異，是源自社會期待不同，成人後需要作調整和學習。

人際界線跟交情深淺有關

人際界線並不是固定的，會隨身份、關係與交情深淺有所變化：

①關係之初：新朋友

初交新友，關係是蜜月期也是試探期，急著想知道對方的一切，急著想跟對方一起，急著想讓對方懂自己的心情。交淺言深，迅速親密，這時彼此的界線還不清楚該怎麼定位，容忍度較大，有的人會先告知自己的地雷是什麼，避免誤觸而衝突。

②小圈圈：團體友誼

團體是友情的集合體，由於人數眾多，界線的分野較為複雜。男生團體通常為公平正義原則、清楚易懂，每個人都差不多、沒有特例。女生團體人際顧慮多，如「我該跟誰比較好、又會影響誰」，會計算關係與他人觀感。團體友誼是女生從中尋找歸屬與認同（有時還有背叛），確認「自我感」，認識自己的必經途徑。

「小圈圈，是每個女孩在團體生活中都必須經歷的一大課題，說的嚴重點，那根本就是一場用友誼作為勝負關鍵的殘忍生存遊戲。透過這種方式，女孩可以建立起影響力、尊嚴，但也可能得面對種種背叛、謊言。也就是說，透過這些磨難，女生會慢慢認識自己，卻也可能從此迷失或否定自己。」（摘自「公視畢業生系列——自然捲」編導傅天余）。

③關係考驗：衝突與付出

關係需要經營，要付出時間、交換資訊、同理心情、一起行動，通常價值觀相同及性格互補的關係維持最久，界線也因親近而允許模糊。關係久了一定有所考驗，第一關是端看關係「如何面對衝突」，吵架後是否修補，第二關是「彼此付出是否相等」，你來我往互相依賴才算平衡，沒有通過考驗的關係，人際界線就會後退，再次壁壘分明。

交換秘密是友誼深化的關鍵

「日久見人心、患難見真情」，時間讓我們明白哪些事才講，哪些秘密才說，是點頭之交、泛泛之交，還是莫逆之交。

例如重大事件後，朋友同理我的感受，界線就會往內鬆；朋友借了錢忘記還，雖說不在意，但界線會向外推；朋友沒有遵守約定、對一件事意見不同、貼心的生日禮或落寞時有所依靠，都會再次挪移彼此界線。

人際界線是浮動的，交情越深越有期待，會逐漸將自己的秘密，例如展現生氣、嫉妒、脆弱、怨恨及無關道德的一面，期待對方接納。「交換秘密」是提升友誼很重要的關鍵，當關係出現特定性——「我只告訴你，你不要跟別人說喔」就表示彼此更親近了。然而秘密也伴隨考驗，展現傷心時對方會安慰嗎？表示脆弱時對方會接納嗎？當對方支持你討厭的價值時該怎辦？交換秘密也測試關係能否持續真誠、付出和包容，決定是否深化友誼。

別擔心界線的存在：它在說「什麼是可以的」、「什麼是不可以的」

人性既現實又脆弱，關係才需要時刻呵護和經營，倘若隨興放任肯定會一團糟，而太迅速、太貼近的親密，也會因還沒準備好接受黑暗面而潰散。

界線是一道邊疆，區分這邊與那邊，然而人際互動卻沒那麼容易將關係畫線，有時越一點，有時退一點，波動起伏。若對方誤觸雷區，偶爾還可以忍耐，但是雷太多次之後，心理就會防衛，並慢慢疏離、慢慢切割。

人際界線要怎麼劃？在客觀標準、身體距離及心理空間三項度上，自我感得先清楚感受和確認好惡，才能決定在關係裡給出多少，才能在互動裡告訴別人勿觸底線。

界線最常被認為，是在告訴對方「什麼是不可以的」，像是守備線，然而界線也能說明「什麼是可以的」，讓我們主動溝通哪些事能助益關係，直接跟對方說明什麼是可以的行為、時段、頻率……，規則講清楚，更能主動經營關係。例如我正在工作，學生興致一來就跑來聊天，與其告訴他不要干擾，不如引導他：「老師也想跟你聊，但現在很忙，以後事前先約好，我就能專心聽你說。」

TIP

缺乏界線

慣性對別人予取予求，或反過來對他人要求難以拒絕，都是缺乏界線的行為。最好的界線會讓關係中的兩人覺得舒服自在。

24

關係裡的拒絕：學會表達「我不要」，拒絕情緒勒索

A小孩：「你這個玩具可以給我嗎？」

B小孩一時語塞，無法回應，A小孩以為默許，就拿走了。

隔天B小孩家長氣憤地找老師理論，質問：「A小孩『搶』我家小孩的東西怎麼沒處理！」認為家長必須道歉，並好好教A小孩反省：「不該要求別人送自己東西。」

奇怪，社會教人「不可以向別人提出你的要求」，但是沒教「可以拒絕別人對你的要求」。

我常在教育現場遇見這情況，所有「錯誤」都被指向提出要求的A小孩，他不該主動（不要臉地）要求別人送東西。可是小孩用自己的方式滿足他的需要，也問過對方，滿符合此年齡能用的方法，或許他只要多一個步驟：「等對方回應後才能拿」。

A小孩問了，B小孩回：「好。」雙方都確認了，也還是有爭議，因為隔天B孩他媽又來了，她說：「B小孩是被脅迫才說好，並不是真心的。」並指責A孩應該要

顧慮他人心情，說「好」只是客氣，不是真的，總之A孩不可以要求別人送他東西。

B家長認為社交禮儀表面答應是客套話，有時說出來的跟真正心意相反，做人做事懂得揣測對方心意。又是奇怪的事。

那麼，為什麼不能直接拒絕呢？拒絕是明確保護自己的方式，不可以就是不可以，不是嗎？

社交上不直接拒絕，似乎是顧慮拒絕會讓對方心理受傷，太多次的拒絕會讓對方不願意再付出，減少互饋，婉拒才能保留面子。

好亂呀！其實不如教導被拒絕後的自我調適，拒絕是人際界線的展現，被拒絕不過就事論事，不必惱羞成怒。

未社會化的孩子就不在乎這種事，一下子就忘記剛剛的衝突，繼續一起玩，反倒是成人過於焦慮，自認為孩子會受傷。

一門人人必修的拒絕藝術課

當心理出現警示，覺得很不願意或再也不想的感覺時，就是對方超過界線了。超過界線要拒絕，超過能耐、超過意願的部分，也需要拒絕。

人生第一次抵抗從兩歲起，在自我意識萌芽後會以「我不要」排斥管教以展示主權，意即我反對你加諸在我身上的那些，這便是拒絕，我知道我不要然後直接表現出來。

大部份的人不是沒有界線，而是是拒絕不了他人的要求，一種是自我感太弱無法明確拒絕，另一種並非不知道要拒絕，而是更擔心拒絕後別人的反應，例如怕對方受傷，擔心被群體認為不好相處，考慮到太多後果而說不出口。

其實，只要修改太過直接的「我不要」，真誠的表達，有禮貌地拒絕別人即可，「拒絕的藝術」是有程序的傾聽和說明，需要練習才會表達。

①拒絕前先真誠傾聽

你知道你不要，「但別馬上說不」，先傾聽對方訴求再回應。先同理對方一定要找你的原因，聽完再表示你的為難，句子型態是「Yes……But……」，如「你的困難我明白了，但真的很抱歉我幫不上忙。」如果面對面很難拒絕，可以先說「讓我考考慮考慮」，回去後再以網路工具詳述拒絕的理由。拒絕是一定的，但在表達上「別馬上說不」，給對方留一點空間。

②拒絕時坦誠相告

拒絕時盡量坦誠，別用委婉又模糊的理由，別只說：「不好意思，我不方便」，講不清楚容易讓對方誤會，不妨誠懇說出拒絕的真實情況與想法，像是：「不好意思，下個月我有五件案子要做，又是承辦人，時間上處理不來。」說明時，態度要溫和堅定，不行就是不行，別擔心對方受傷，真友誼該經得起考驗。

③採取補償式拒絕

若擔心總是拒絕，怕朋友下次不敢再說，就使用「下次……如何……」句型，主動補償，以自己可接受的方式反邀對方。例如：「抱歉，這次有事無法赴約（其實是不喜歡封閉場所），不然下個月我約你去這好嗎（公開場所）。」

拒絕是一門藝術，我們可以這樣做！

拒絕他人會顧慮對方受傷，怕被群體認為不好相處，考慮太多後果說不出口。其實，只要修改太過直接的「我不要」，真誠陳述「你的困難我明白了，但真的很抱歉我幫不上忙。」，或採下次一定補償的拒絕，便不用委屈自己，而合宜的拒絕他人。

拒絕生氣或可憐的情緒勒索

拒絕之所以困難，有時是人情壓力，有時是顧慮對方被拒後的情緒，過於同情對方而使自己退讓、配合，但若這份體貼被利用了，對方以情緒作要脅，迫使你做不想要的事，就變成情緒勒索了。

情緒勒索定帶有目的，會要你做些什麼才行，最常出現兩種形式：生氣威脅或可憐無助，前者是對方表現憤怒，讓你害怕若不答應他會搞破壞；後者是對方可憐兮兮，讓你擔心不答應他會想不開。

遇情緒勒索時，勿被情緒嚇到，它只是工具（甚至是一種表演），先分辨對方勒索目的為何，冷靜評估再做反應，設定能做與不能做的範圍，再決定怎麼表達。

見招拆招，拒絕情緒勒索

拒絕情緒勒索有四個思考點：

①先分析對方目的

對方到底要你做什麼？目的又分為表層及裏層。

媽媽情緒勒索要你結婚生子（表層），其實是焦慮抱不到孫被親戚笑（裏層）。

同事情緒勒索要推業務給你（表層），不負責的背後其實是能力不足（裏層）。

朋友情緒勒索要你天天陪他（表層），其實是他卡陰又說不出口（裏層）。

裏層是對方心裡真正的目的，當你懂他的心理狀態後，較能從容不迫的思考如何應對。

②問自己若拒絕會擔心什麼

媽媽說：「你不去相親我焦慮睡不著，你知道我來日不多了啊……」若這句話讓你感到壓力，試著思考以下兩點：

如果你覺得不從會很恐怖。

怕媽媽因此身體不好，不敢拒絕，好的，那就「陽奉陰違」吧，選自己能做的做，不能做的打混，完成表面功夫。

如果你知道那是假的，只是難免擔心，不上不下。

那就「先拒絕一次試試」，看看後果是不是真如她講的那樣。能拒絕才有本錢，才能進一步與她溝通背後目的，避免做你不願意做的事情。

③不妨採取「時而答應、時而不從」

不必每次都要警報響起刻意拒絕，心情好時答應、不想去時不從也可以，這樣就有自由與選擇。例如去相親，先定出你能接受的範圍，如何體驗新鮮事自得其樂，或角色扮演聽聽別人的故事……。若這次不想去，就真誠說明原因，態度溫和、堅定拒絕。

④下下之策是無賴溝通

如果無法拒絕勒索又不得不做，那就使出下下策，把被勒索的事情擴大層面，拉對方進來一起負責，例如說「不是我不幫，除非你進來示範啊……」，想盡辦法把對方牽扯進來。

拉對方時不必理性溝通，反而是無賴溝通，「你不行我也不行啊，你威脅我就哭好了……」用「番」的、用「魯」的、用「吵」的……，向對方傳遞「我就不行，要就你跟我去……」的氣勢，讓他也要付代價，就能減少下次再被勒索的機會。

TIP

人際關係就是要磨合

「所有問題都是人際關係的問題。」這是心理學家阿德勒的名言，生活裡總需與他人互動，人際界線也需要時間磨合，表達拒絕可以劃出界線，相處久了自然如跳雙人舞般靈活地進退。

25 關係裡的平衡：在關係漩渦當中心點，你可以反轉它

這是女人婚後的家庭關係漩渦：職業婦女、婆媳關係、夫妻溝通、親職教養、家務雜事、管理預算等環環相扣的漩渦，做不完的事情是明潮，要承受四面八方的情緒是暗流，女人永遠沒有自己，在漩渦中打轉快要沉沒的是艘名為「自我實現」的小船。

這段婚姻彼此都是高學歷背景，先生擔任大學教職，而她也在攻讀博士。她的論文嚴重卡關，現階段她最需要獨處，最想閉關一個月在研究室完成最後進度。

然這個家沒有人為她著想。婆婆認為女人不用讀那麼多書、先生不能理解寫論文那麼難嗎、孩子在校最近出了狀況、小姑覺得嫂嫂不夠尊重她媽……。

女人和電影《一九八二年生的金智英》中的金智英一樣，婚後多重身分快要精神分裂，金智英原本可是個高知識份子啊，婚後也不過是個被框住的家庭主婦罷了。

女人來諮詢問怎麼辦？她已看過精神科、拿了藥、做過晤談，輔導老師指出她跟原生家庭互動不佳，要先解決過去心結……，這下可好，漩渦外再加另一股檢討過去經驗的漩渦。她還能怎麼辦？

關係裡難以取捨，難道只能犧牲自己？

這類情形九成不是來談者的問題，多數是有問題的人不來，卻讓沒問題的人自我檢討，幫忙擦屁股收拾善後。雖說這題是現代女人的困境，但也無法勸她二選一：「犧牲自己、服務家庭」VS「捍衛自己、離開婚姻」。

女人清楚自己的資源與處境，即使離婚獨立也沒問題，然而她考量的是「關係牽絆」而非單純「做自己」，此刻卡關必定是好壞都有、情感難捨，才會無法決定，可是大家都怪她不夠神通廣大。她還能怎麼辦？

關係要平衡，獨立與依賴都重要

心理學家阿德勒（Adler）近年因《被討厭的勇氣》一書廣為人知，論點講述「自我」（Self）在意識運作的重要性，自我可視為人格核心，他主張人們「不需要配合對方、被環境決定」、「無論別人怎麼看你，一定要走自己的生存之道」、「想想符合自己目標的解決方式」。阿德勒認為過去經驗無法束縛當事人，就算被他人討厭，仍要依目標前行。人的成長目標是不斷了解自己，接受自己，主動參與社會，若不依循己心，就會歪斜而自卑與沮喪。

另一位心理學家寇哈特（Kohut）的理論在台灣較少見，也強調「自我」（Self），但跟阿德勒相反，他主張「人無法一個人生活」、「要有依賴的對象，平等互饋」，一個人是脆弱的，若與他人有所連結、互相依賴，才會產生更多力量而強悍。寇哈特的觀點是，人的成長目標在於與他人建立關係，從依賴中了解自己的需要、滿足自己，主動參與社會，若無關係可靠，就會歪斜而過度自戀（過度沉溺自我想像）或失去自我（過度順從他人）。

阿德勒（Adler）與寇哈特（Kohut）皆為精神分析學派，他們服務的個案議題不同，因此產生不同觀點，一個要自我堅強起來，一個要自我健康的依賴，兩人殊途同歸，皆認為自我（Self）有主動性，可經由意識操作與學習。

那麼，到底是獨立還是依賴好呢？沒有絕對，端看每個人情況，關鍵是「平衡」，

確定好自己想要的目標，就會湧現活路，讓大家幫你

困在多重關係的漩渦時，單純「做自己」是不能解決問題的。建議換個角度想想，以現有條件與在處境中還能做些什麼？先釐清想要的目標，排列順序，定錨後自然就會懂得調整作法，也會湧現新觀點和行動力，讓關係漩渦跟著你走。

過去太自我中心、堅強、單獨作戰的人，就鼓勵學習寇哈特論點——在關係裡健康依賴；過去太自卑、覺得一事無成、容易被他人左右的人，就建議學習阿德勒論點——把自我當中心點，生活目標優先。

舉例來說，日本漫畫《ONE PIECE航海王》，主角魯夫是英雄人物，他遵從自我，有明確目標，與船上夥伴建立深厚情誼。魯夫為了保護夥伴常能發揮強大力量，在劇情中段卻因哥哥的死，陷入失落情緒站不起來，最後才發現自己也需要依賴，需要夥伴支持，才克服悲傷繼續向前。

難以取捨時，先定錨第一目標，並尋求支持

女人的處境困難、情感難捨，也不是要推翻傳統價值，那麼，回歸到調整自己吧。換個角度想，當家裡什麼事都需要女人才行時，表示她能掌握很多事，實際上更是漩渦的中心點。有這個條件不妨主動追求平衡，以自己想要的目標為優先，也尋求健康的依賴。

①以自己目標為優先，定錨後事情自有順位

當目標被「定錨」，其餘部分就會跟著錨（第一目標）自動排序，完成順位就會出現，就會知道什麼先做、什麼後跟的行動方案。類似設計一套菜單時，主餐就

是第一目標，然後前菜、湯品、甜點皆是配合此錨點予以安排。

女人定錨在完成論文，所以「需要獨處時間」，目標一旦確定，平常被嘮叨的事便要擺到一旁沒空處理；做不完的家事委請家人分工，否則沒乾淨衣服穿、垃圾堆滿地自行負責；她外出寫論文時，先生要學著當家，學習怎麼照顧小孩……。當她勢在必行，就會對阻礙目標的事，自動產生破解策略，而不是先等石頭挪開才要做那些事。

②「請支援收銀」：表明需要幫忙，健康依賴

當女人目標確定，生活重心改變了，關係漩渦便會跟著中心點反轉，剛開始時其他人難免不習慣、心裡嘀咕、給負評，請記得代價是無可避免的，此刻需要的是健康依賴、情緒支持，不妨請先生支援擋住婆家反對聲；不妨尋求親友支援生活所需；不妨主動告訴孩子支援自己的難處，當前進的路上有人陪伴、有所依賴，才有力量持續。

當你有想做的事，全世界都會幫你，因為漩渦是繞著中心點轉的，而你就是中心。

TIP

關係就像太極圖

如果你一直做自己，花一點時間顧慮他人；如果你一直照顧別人，花一點時間照顧自己。重點是互相平衡，像太極圖那樣。

26 面對陰影，完整自己：人生不能鐵齒，就接受逆襲吧！

國一上英文課被老師點名朗讀單字，其中一個是「outside」，讀「凹賽」，但我英文就爛，也不會讀，第一個英文字母是O，我就讀「歐賽」（台語意指「挖大便」），結果全班大笑，連英文老師也跟著笑。英文老師體型臃腫表情嚴肅，本來是拳師狗的臉，那天笑得像彌勒佛。

被全班訕笑是很丟臉的，真的，我站著不知道該怎麼辦，雖然面無表情，心裡卻淌著血，對英文的學習之心已經死了。

我暗地發誓：「畢業後再也不學英文，大不了一輩子不出國而已。」我的發誓很認真，從此讀英文都是應付考試，死背單字、文法，完全放棄聽與說。

中學時每學期有三次考試，一本英文課本分三次考，尚可應付，第一次段考結束後，把腦袋清空以裝填第二次段考的字庫；第二次段考結束再清空，裝填期末考的字庫，如此延續到高中畢業。但大學聯考時英文範圍是好幾本教科書，此招無效，結果考得超爛，英文作文更糟糕，不過管它的，反正不出國用不到。

後來讀研究所前暑假幸運抽中第一特獎：香港旅行，雖然香港有很多中文標語，但不出國就是不出國。

人生果然不能鐵齒，二十八歲時被強迫出國。

首份工作的第二年臨時晉升組長，上任不到兩個月，副主任竟閃電離職，導致原本他參加的計畫案——到美國參加四天三夜的專業研討會，就變成我的工作。

晴天霹靂，我趕緊問老闆：「報告，英文真的不行啦，聽不懂，也從沒出過國。」老闆以慈祥笑容看著我：「沒關係的，你去參加就好，聽不懂沒關係，放輕鬆，順便玩一玩。」唉？不是，重點根本搞錯好不好，是要怎樣輕鬆去啦？

研討會地點在美國明尼蘇達州的羅徹斯特市醫學會議中心，那是什麼鬼地方，沒聽過啊！第一次出國，一個人去那麼遠，四天三夜，然後，用我早已經放棄的英文？

被指派後我每天都在想：「要冒回不來的風險嗎？」還是：「也離職好了！」

有時候人生就是這樣，越想躲避的事，它就一定會發生，果真莫非定律。

「陰影面」如影隨形，越想逃越逃不了

「陰影」（Shadow）由心理學家榮格（Jung）所提，是人格的一部分。陰影是

被光照的背面，代表著每個人不願接受的那一塊弱點。人們不願接受陰影，也來自他人（家庭、社會、文化等）對挫敗、懦弱、自私、嫉妒、欲望、貪心等一切社會所不喜歡的感受、價值觀及情緒影響。不被允許的部分藏在陰影裡，人好像缺了什麼，感覺不完整，況且陰影切割不了，它是人格的一部分，人怎麼能逃離自己呢？根本如影隨形啊。

其實，陰影並非是「壞」的意象，更為貼切的說法是「對立」面、不擅長的那一面和弱點，若是忽視、壓抑及否認，只會導致更多的苦惱、遺憾及無奈，因為一半的人格被蓋住了。跟陰影對抗沒有意義，人怎麼跟影子打拳呢？如果不面對陰影，它仍會自主運作，它在關鍵時刻替我們決定，以無意識的方式滿足潛藏欲望。

人生很奇妙，有人發誓不會愛上處女座的伴侶，結婚對象就偏偏是處女座，而我發誓絕不出國，絕不使用英文讓自己再挫敗，偏偏被強迫出國，第一次就去最遠的美國。

人生不能鐵齒，出來混，陰影面總是會叫你還，以為不用面對的，一下子逆襲了，人生這麼長，怎麼躲也躲不了一輩子。

學習與陰影共處，越認識它越覺得有趣

陰影是被遮掩的、不被接納的對立面，也因為長久不碰它，導致更多的生疏和恐懼，越學不會英文就越恐懼，越恐懼就越逃避英文，不斷循環。

榮格認為一個完整的人，必須要整合陰影面，那些不被喜歡的部分，仍然是自己的一塊，接納它並合而為一才能真正界定「我是誰」，而一旦意識陰影的存在，它也會像暗處照到陽光一樣，與亮面共融合一，不再是陰影。

人的本性會逃避弱點，無意識壓抑陰影，除非刻意覺察與學習，不然就是等人生裡重大事件把你打醒。如果躲不掉了，要怎麼辨？逃走、擺爛，還是面對？

接受陰影後，它就不再是陰影！

人的本性會逃避弱點，無意識壓抑陰影面。榮格認為一個完整的人，必須要整合陰影面，那些不被喜歡的部分，仍然是自己的一塊，接納它並合而為一才能真正界定「我是誰」，而一旦意識陰影的存在，它也會像暗處照到陽光一樣，與亮面共融合一，不再是陰影。

我當時選了面對，原因並不偉大，只是更怕因逃避出國而離職的理由被恥笑而已。既然要面對，就拚命準備，花幾個月惡補英文、上網考察地點，有什麼可能的情境、該說卻不會說的英文，通通都先記下來、畫下來，同時也昭告天下，讓親朋好友覺得我很可憐（其實在討拍）。

還好當時有位在美國讀語言中心的前同事願意當地陪，約好在羅徹斯特市的機場接機。我更大膽地想：「好吧，這輩子搞不好不會再出國第二次了，也順便飛去紐約找親戚好了。」最終敲定七天行程。

第一次坐飛機，從東京到底特律機場約十八小時，我看不懂英文電影，不會點餐，隨時戰戰兢兢，觀察別人怎麼做，注意身體的變化，謹慎地補充熱量、喝水、起來動一動，同時埋頭筆記旅程，簡直能拍成生存節目了。

第四天從羅徹斯特市搭機到紐約，沒想到班機竟臨時取消，又是晴天霹靂，天要亡我，可是還要轉機的咧，這下怎麼辦？只好硬著頭皮跟櫃台比手畫腳、拿機票解釋，對話的第一句我先承認自己英文不好：「Excuse me, my English is poor.」死纏裝可憐，後來對方給我另一班飛機票。

美國七天旅行裡有恐懼、驚險，也有新奇、有趣、驚艷的事，羅徹斯特市很鄉下，而紐約很城市，體驗種種人事物開闊了我的視野，英文當然還是爛，但已不是那麼重要了，也發現以前填鴨教育所學的拿來應付食衣住行對話居然還行，感謝上帝。

從美國活著回來後，心境脫胎換骨，沒死就更強大，從此愛上自助旅行，接受陰影後它就不再是陰影，接著像是補償般，要把過去沒玩到的部分玩回來，反而投入更多，直到夠了為止。後來接連好幾年規劃自助旅行去日本、北歐芬蘭、澳洲等地，當然，還是菜英文。

陰影看起來令人恐懼，其實未必，它就只是每個人不熟悉的對立面和弱點，因不熟悉而生恐懼。或許以前真的害怕，但已經成人出社會的我們，心理有一定成熟與強大，儘管弱點還是弱點，但接納後反而可以坦然地提前準備，更重要的是，發現那塊未開發的大陸還挺有趣的。

TIP

理解黑暗

「只有不理解黑暗的人，才會恐懼夜晚。」

榮格，《紅書》

27 浴火重生，自我肯定：人生不能一味忍耐，要肯定自己的感受

W和先生是二十五歲時由公司熟人介紹認識，對方比她大七歲，兩人相戀後結婚並生育兩子。然自此之後，本來就少有的性行為，生孩子後就幾乎沒有了。周遭人都認為W是關係很好的夫妻，卻不知她們無性生活長達兩年，W難過地想：「是不是都我不好，我不夠溫柔……，但是再這麼下去的話，我會覺得自己不像個女人……。」

W閱遍夫妻經營及性生活的書，調整自己對待先生的方式、寫了封信感性傾訴，也曾生氣威脅去找牛郎，結果都撼動不了先生照顧她的需求。

當W在信箱發現先生賭馬的帳單時，不禁憤怒自己這麼努力忍耐，憑什麼他就可以隨便揮霍……，於是她不再顧忌，也在網路的人妻視訊頻道兼差。沒多久W和客人上床了，享受魚水之歡，並和好幾個男性保持性關係。W不認為這是出軌，因為彼此沒有心意相通，只不過是互相滿足慾望、排解性慾而已。

沒多久W遇到她所謂的真命天子，她向先生控訴無性婚姻根本不像夫妻，提離婚時充滿怒氣：「還不是因為你完全不跟我做愛……。」說到一半W過度換氣昏倒……，在床上醒來後仍喃喃自語要跟真命天子過生活……。她的先生終於同意：「如果妳這麼痛苦，就離婚吧。」

終於可以過新生活，喜出望外，當W返回娘家時心裡又突然冒出：「但這樣真的好嗎？對孩子是好是壞？說不定，一切是我太自私而已？」這些念頭讓W自我否定：「我真是最差勁的傢伙！」

W不斷自責，感到痛苦和憂鬱，甚至痛到想拿刀刺胸自殺，她被送進精神病院住了幾個月。後來W狀態好轉後返家療養，但仍鬱鬱寡歡，什麼都不想做，過著如廢人般的生活。

——摘自日本漫畫《去問一下，日本太太們的不倫理由》一—二話

因為等待被愛，攬下所有的自責情緒

人生真的好難，W的故事來自日本社會，女性的社會角色與劇本與台灣女性非常相似。

記得前面提到的自我意識嗎？其路徑是從關係中的自我發展而來，必須從他人

處尋求愛與肯定，累積一定程度後才慢慢發展成獨立的自我。有些女性常討好他人以得到回饋，若他人反應不佳則自責，是否做錯或要求太多。

W滿心期待從婚姻裡得到愛與肯定，期盼從先生溫柔的性愛中得到滿足，被拒絕後太快自責，怪自己缺乏性吸引力、對性過度索求、不耐等待、太自私……。她不敢先肯定自己的感受與需要，而是用等的，她覺得如果做的夠好，應該就會被看見、得到滿足才對。單一歸因的自責設定讓W越來越難受，得不到愛又必須壓抑，自我否定又痛苦萬分。

女性的社會角色與劇本設定為「等待被愛」，角色是被動的，導致未如預期則怪自己努力不足所致，而不考慮這種歸因的不平等與偏狹。婚外不倫行為是長期不滿足而情不自禁的結果，是過度壓抑產生的反作用力。不倫或偷情暫時替代了婚姻裡的不滿足，然而短暫的填滿，事後更令人空虛與內疚。

當先生願意放人時，W沒有「終於解脫，從此幸福美滿」的感覺，反而出現更多自我否定及道德譴責：「我到底想要什麼、有沒有資格得到？」這是怎麼回事？因為W發現無論怎麼樣她都只是遵循某種角色罷了，期待不同的人給她幸福，是換湯不換藥，她的內在還是空虛的，長期衝突與無解，讓W真正的崩潰，被送進精神病院。

「崩潰後」才知道自己真正要的是什麼

W廢人般的生活過了兩年，有一次去參加感興趣的生活指導講座，在場上聽到老師說：「你沒必要去否定弱小的自己，首先請完全肯定你自己的感受。」W對此非常震驚，「什麼！這樣真的可以嗎？」第一次聽到無條件接納的說法。

自此之後W開始關注內心，她傾聽自己，她發現無性婚姻得不到滿足，情緒才寄託於不倫。W感到空虛又否定不倫的自己，否定造成不安、覺得自己沒用，為了壓抑這個不安又再次走向不倫，惡性循環後變得更加厭惡自己。

W接納自己的陰影面：「原來是這樣啊，弱小也沒有關係……。」壓抑就逐漸消退，豁然開朗了。W知道自己要什麼，可以怎麼要時，反而覺得平靜，往後對性的依存就消失了。

至此大約是W婚後第十年，她和先生的關係終於變好，無性的情況也慢慢消除。W日後運用這段經歷協助其他婚後否定自己的女性，成了生活指導師。

W從崩潰裡浴火重生，需要自我成長的三期：「讓自己不死」、「了解事實」及「認識自己與照顧自己」外，還要有關鍵的啟動句，打開當事人卡住的結。

「接受弱小的自己，完全肯定自己」，這句話讓W感到醍醐灌頂，終於允許自己有資格去感受、去想要，不需被他人肯定才能索愛。這關鍵句很重要，短而有力，像一支穿雲箭，啟動了自我肯定的第一步。

完全肯定自己的感受，可從心裡期盼的句型：「有了○○就幸福美滿」去探索內在的渴求，例如：「有了自己的家，就圓滿了」。從此短句聯想出你想要被愛、被關心的細節與具體內容，對方又該怎麼表現才是你想要的呢？

愛的五種表現：想要怎麼被愛，可以這樣要求

愛的表現有不同形式，每個人渴望得到的形式不盡然相同，如果配對失敗就會接收不到，變成「你給的不是我想要的」和「我要的你沒給」，彼此誤解。底下是愛的五種表現，看看自己最常用什麼形式付出愛：

①**愛的語言**：「我愛你」
②**一起渡過的時間**：「我們來約會」
③**服務與效勞**：「我幫你做些什麼」
④**禮物**：「我送你最想要的東西」
⑤**身體接觸與性行為**：「牽手、擁抱、性愛」

比對一下你想要的愛是哪一種？而對方給的愛又是哪一種？

對W來說，性愛關係是她感受到愛的最先順序，她覺察到這與自己童年較少被

雙親擁抱的經驗有關，而先生默默付出的愛——服務與禮物，對她而言就較無感。對愛的表現與接收每個人都不同，若對此不夠理解，相愛會變誤解，最後逃避溝通向外尋求不倫的慰藉。

覺察自己的渴求，完全肯定感受，接著在意識面重啟溝通，在關係裡討論彼此愛的形式，得到彼此最喜歡的互動。

「你最想要的愛」，表現形式是什麼？

很多人都希望被愛，但對方是怎麼表達愛意的，而自己又習慣接受什麼形式的愛？以下五種形式，看看你最想要的是哪一種？

① 愛的語言：「我愛你」

② 一起渡過的時間：「我們來約會」

③ 服務與效勞：「我幫你做些什麼」

④ 禮物：「我送你最想要的東西」

⑤ 身體接觸與性行為：「牽手、擁抱、性愛」

真金不怕火煉，崩潰時燒掉的都是無用的角色、面具、裝扮和假價值，殘留的才是自己真正想要的，但它藏在灰燼裡，等傷痛稍微好些，就得撥開去找。只要找到羽毛（屬於自己的感覺與欲望），自我的不死鳥（自我肯定感與價值想法）就會浴火重生，長出新的自我形象。

TIP

男性也需要關鍵句

男性也需要關鍵句：「完全肯定自己的感受」，才不致受困於自己是否有用處（工具性角色的魔咒）。

28 嫉妒挫敗，才有創造：人生不能太順！失敗才有好故事

J這個人極為普通，小學成績中等，體育表現倒數第二，在當時高中、大學需要聯考的年代，他每天不外是上學、補習及考試，生活乏善可陳。

J的人際關係普通，不是風雲人物也不討人厭，有時會緊張是不是比不上別人，於是習慣將受歡迎的朋友設為「假想敵」，不是真的敵對，而是以競爭意識偷偷模仿，學習合宜的社會人際，例如高中朋友外向風趣、早熟、受歡迎，而且有女朋友，J便模仿他談戀愛，沒多久有了女朋友，卻很快就被分手。

J不擅表達，語文類是最頭痛的科目，高中作文大概六十五分吧，之後上大學也差不多，硬是參加了社團，撐了一年就不去了。當兵時五千公尺J是最後一名，帶隊班長兩側陪跑，深怕他暈倒，實在丟人。下部隊後，J百般無聊，空檔就看長官辦公室不要的舊報紙，閱讀副刊文章，模仿情節寫作殺時間。

J出社會後固定上下班，生活無趣又不愛運動，他想著來投稿好了，但多年來

各項文學獎都沾不上邊，唯一獲選的是報紙副刊的極短篇，J承認自己沒有文學天分，後來網路興起，就在部落格東寫寫西寫寫。

前年參加大學同學會時，J發現一堆人的成就都在自己前面，感覺嫉妒也感覺挫敗，然而再也模仿不了什麼，為阻止自己與他人比較而心情低落，他索性不再去同學會了。

嫉妒與挫敗的人生情節

J在三十歲前「不知道自己要什麼，所以羨慕別人那麼清楚且有成就的樣子」，他的人生從比較和模仿進行學習，東施效顰，沒有個人特色。那三十歲後呢？喔，J已經習慣了自己的平凡無奇，有些鬱鬱寡歡。

嫉妒與挫敗都源自「我們還沒有自己的樣子」，所以拿別人做參照，但又比不上別人所致。

那麼為何不早設定屬於自己的角色呢？因為社會標準太高了，人的自信被限縮在既定幾個客觀項目裡，不是第一名、不夠受歡迎、賺錢不多的人，就沒有發言權。J在往後日子，仍然面臨許多挫敗，曾失戀想死、在職場差點憂鬱症、考到博士班卻沒有畢業……，J唯一保留的是，繼續在部落格寫文章，既然沒有成功經驗可寫，就匿名寫出自己這些年的失敗回憶，並以小說創作的手法，讓自己在故事裡平反稍得安慰。

J大量寫作，不管別人怎麼看（反正也沒人看），他想像或許有幾位網友路過會看，這樣也可以，也算是為自己留下紀錄。J規律地書寫，本來只是個人觀點自娛，後來把專業深入淺出，配合生活寫成大眾觀點，寫完的作品一魚二吃，四處投稿，沒入選也沒關係，反正網路傳件沒有損失，一直持續至今。

J的故事就是心理師的濃縮人生。

那些仿冒且不怎麼樣的過往，直到快四十歲我才有意識不再管社會標準，擺脫「習慣參考別人」的作法，摸索屬於自己的路該怎麼走。其中，自以為是的書寫對我幫助很大，「創作」的同時也「創作了自己」。

失敗的經歷才有好故事

起初，我為那些嫉妒與挫敗情緒書寫，藉由小小說形式，寫出內在苦悶，初期故事主角一路禍不單行，正如自己當時心境。中期故事開始扭轉，主角獲得平反，讓傷害我的傢伙得到報應，藉此宣洩情緒。後期刻意把經歷擴充成對大眾有用的心理分析故事，把心理歷程寫的知其然也知所以然，設法積極面對，從此書寫的格局與方向就確定下來了。

我發現大部分的成功故事幾乎都是同種類型，元素也都差不多，例如：「要堅持到底」，這完全正確，然而重點是「做•不•到」。那麼，為什麼做不到？每個人失敗的原因各不相同，條件、背景、智力、遭遇通通都有差別，失敗的類型千百種，每條荊棘之路的苦與解方不盡相同，這才是需要去寫的。

我發現，不先接受失敗，就不可能成功，嫉妒的情緒讓我承認自己欠缺什麼，挫敗的經驗讓我能描繪痛苦的細節，看見自己的弱點。爬梳失敗經驗，建立資料庫，待累積的經驗夠多了，就能從中改進，越來越接近成功。

好像玩電動遊戲打最終關卡一樣，只要不放棄，永遠能無限接關，直到找出打敗魔王的成功方程式，這才是「失敗為成功之母」這句話的意涵，而一旦成功了，

嫉妒與挫敗都是讓自己變得更強大的養分！

正因為過去的嫉妒與挫敗才造就今天的自己，歷經多次失敗後還沒放棄的人，已非昔日吳下阿蒙，因此不妨將失敗經驗耙梳，建立成有用的資料庫，待經驗足夠多，從中整合並改進，就會越來越接近成功，才是所謂的「失敗為成功之母」。

過去所有的失敗搖身一變，都成為有意義的、勵志的故事。

寫作成為興趣，寫出對負面情緒的發現，寫自覺對他人有利的心路歷程，因為太多失敗，才有這麼多故事可以寫，若有人閱讀、有收穫，就會是我的成就。所幸網路時代不怕沒地方發表，每個人都擁有自媒體可以書寫與發佈，後來就這樣一路向前。

變得更強大的自我練習

正因為過去的嫉妒與挫敗才造就今天的自己，歷經多次失敗還沒放棄的人，已非昔日吳下阿蒙，因此不妨正視自己，刮目相看，找出其中屢敗卻願意屢戰的成功原因。我是這樣練習的：

①避免比較

我清楚知道自己有「度量小，見不得人好」的陰影情緒，為避免自己太常跟他人比較，於是刻意不看不聽不聞，專心做自己的事，只跟自己比。這是把自己隔絕起來嗎？不是的，我只對會引起情緒的部分暫時隔離，我接受自己的弱點，暫時先這樣減少困擾。越認識自己有什麼個性，越知道自己想要什麼，選擇後的代價通常就能接受。

②享受當下

專注當下、享受當下吧，投入自己有興趣的事，保持創作和發表。書寫時即使沒名氣、沒人看，也要假裝有讀者存在，並依此要求自己紀律地創作，品質不馬虎，只跟自己比較。

我會把負面情緒轉換成創造能量，越接受負面情緒存在，創作的能量就越高昂，產生各種奇幻故事，回想當時簡直越憂鬱越文思泉湧，把要發的牢騷、要說的話通通賦予生命。

③紀律以恆

怎麼創作隨心所欲，重點是持之以恆，我訂定自己每週定期產出，維持創作紀律。作品不完美也沒關係，定期定頻比較重要，而為了固定生產，就必須廣泛閱讀資訊，尋找新素材，讓靈感生生不息。

自我練習是有用的，試著規劃「一週行動表」，規律創作時間，投入時避免比較、享受當下、持之以恆。心理師之所以分享失敗經歷，只是要說，那都是歷程。儘管現實常被挫敗，還好幻想力仍在，也不想什麼事都不做無聊到爆，這些契機讓我產生動力繼續書寫，自戀地畫圖分享，儘量不再與他人比較，喜歡走沒人走過的新路（沒人走過的荒漠，自然無從比較起）。

創作之路走多了，不會遇到鬼，而是遇到自己，就像現在看起來好像會寫文章，但高中時作文也僅是及格而已，不停地寫就是了，這些失敗的經歷和專注的投入將成為自己的一部分，並在未來創造出精采的好故事。

TIP

自信靠累積和磨練

自信是靠經驗累積的，不用刻意苦行，往前不要放棄就好，一步一腳印，磨練過後時間會幫你造就強悍。

後記

人生真的好難！但你還能創造選擇

滿足「成長需求」的比喻，就像是你吃到了周星馳電影《食神》裡的黯然銷魂飯，好吃到落淚，驚嘆：「這是怎麼了，我怎麼會流淚呢？……」，並進一步呼喊：「為什麼讓我吃到一碗這麼好吃的叉燒飯？如果我以後吃不到怎麼辦啊?!」

好吃的食物讓味覺質感不同，讓你不會只停在被動饕客的位置，為了再次品嚐，你會開始尋求「黯然銷魂飯」的相關資訊、食材、作法，向上追求，甚至讓自己成為廚師（成為創作者）。

滿足「匱乏需求」的比喻則是，我吃了叉燒飯，吃飽而已。

馬斯洛的需求階層論

心理學家馬斯洛（Maslow）在一九四三年發表《人類動機理論》，書中提出「需求階層論」，他認為人的內在需求（need）引發「動機」，促發滿足需求的行為。

馬斯洛最初的需求共有五層：生理需求、安全需求、愛與歸屬需求、自尊需求及自我實現需求。前四項被稱為「匱乏需求」，比如人因口渴想要喝水，此張力在水喝足後會消失，但如果需求一直未滿足，當事人會焦躁不安、瘋狂找水，甚至不計代價只為解渴。

自我實現需求則是追求身心靈滿足，活得有意義。後期馬斯洛又提出第六層「自我超越需求」——關心社會所有人。第五、六層皆為「成長需求」，關心自己也關心他人，讓生命有意義。

無論第一層或第五層，馬斯洛的理念是「需求會驅動你達成滿足」，人若能接受有所求、能主動滿足及行為自主，就會繼續追求創造和自我實現。若壓抑、忽略、否定需求，為了生存，人會突然衝動、不安、神經質地追求欠缺之物（像只為解渴那樣），反而付出更多代價，無法掌握的感受最終會導向無助和憂鬱。

馬斯洛理論的兩種啟發

①需求無高低或好壞之分，關鍵是認識自己的需求

馬斯洛的理論告訴我們兩個啟發，第一是認識自己的需求，無論哪一層需求皆無高低之分，情緒的、自尊的、生理的都需滿足與平衡；需求也沒有好壞之分，人性有真‧善‧美‧聖，同時也有軟弱、破壞、自私，它們合而為一，就像接納陰影面一樣，才是整體，才會感到真實，並自主、積極地追求自我實現。

成長需求則讓我們明白，人活著不會只有傳宗接代，而是要活得有意義，回答「我是誰？」、「我從哪裡來？」、「要往哪裡去？」等人生的提問。

②滿足需求，無關乎你夠不夠資格

第二啟發是：「滿足需求不需要資格」，常聽很多人問：「我有資格要這些東西嗎？」當然有，請完全肯定自己的感受，需要就是需要，是真實的。「我值得被關愛嗎？我真的能得到幸福嗎？會不會當對方看到真正的我就會逃跑？」不必過早認為失敗是自己的錯，一旦自責式的歸因就是死局。請記得歸因的誤謬，有時是情境影響或認知盲點，導致個人不曉得可以這樣選擇，而非沒有選擇。

這很好證明，如果你的人生可以自主決定，你會選「幸福滿足，貢獻社會」，或者選擇「抱怨、憎恨、憂鬱，躲在家裡」呢？

沒有人不想要幸福滿足，這是人性常態，但選了相反面的人，我們可以換個角度想：他走反路是怎麼了？是中間過程發生了什麼事？或是什麼地方出了什麼問題才讓他這樣？

重新看待人生：「外化」與「非線性思考」

當我們願意肯定自己的感受，那麼可以續問：「是什麼阻礙了我想去追求的心？」先停止：「是我抗壓力低才憂鬱，別人都不會」的自責，而改其角度說：「嘿，是憂鬱阻礙了我，所以癥結點在憂鬱，它怎麼來的？我該怎麼與它相處。」

角度的轉換在心理學上稱「外化」，把人跟問題分開，「我是我，問題是問題」，我們現在來解決問題，讓自己學習更多心理工具面對憂鬱。還記得嗎，面對情緒也是，「情緒是情緒，我是我」。

是什麼讓我們以為沒有更好的選擇呢？此時不妨練習「非線性思考」（或稱系統性思考），那指的是凡事都不是簡單的單一歸因。

非線性觀點是萬事都互相效益，包括更廣域的各種系統（社會文化、人際顧慮、權威影響）、時間向度（早期經驗影響）及個人心理歷程（什麼讓我這樣想，但另一個人卻不會這樣想），是很多因素共同造就結果。如何練習非線性思考？我常鼓勵來諮商的人們回顧自己的生命，寫下小小傳記，他們都很驚訝，因為從沒有人問過他的故事，連他都沒想過自己的人生值得整理，以為過了就是過了。

從人生故事裡可以整理出「現在的你是怎麼來的」，「中間過程」發生什麼，才讓價值觀如此轉變，作出如此選擇。非線性思考可以重新看待人生，現在的你是諸多歷練而成，因此過去的傷可能是阻礙，也可能是促發改變的點，整理了才知道。

如果人生是一個故事，你會怎麼寫呢？

我教大家一種寫法，以「時間軸」、「重大事件」或「深刻情緒經驗」為題區分，先一段一段書寫，最後再組合起來。回憶的書寫越細越好，讓外在事件與內在思維交替聯想，試著解釋其中的因果關係，像偵探一樣慢慢堆疊出：原來「我是怎麼了……我想要的是……。」

這個在心理學稱為生命敘說（storying），認為當事人是詮釋自身經驗的主人，敘說故事即是在解釋自己的生命是什麼，又如何將它轉化成一個具有意義的人生。

布魯克斯（David Brooks）在《社會性動物》一書中說道：「人可以選擇敘述生命的方式。……在那麼多我們無法控制的事物裡，我們對自己的故事仍然能夠有所掌握。可以選擇要用什麼樣的敘事方式來組織我們的經歷。」跟弗蘭可醫師說的相同，「人性最後的自由：也就是在任何境遇中選擇一己態度和生活方式的自由，是無法剝奪的。」

人生好難是真的，但我們可以重新運用自己的心理工具，能預測、能解釋；完全肯定感受，照顧自己、愛自己、做自己；能重建經驗，讓過去的失敗成為好故事；經營關係、健康依賴，面對陰影，完整自己，創造更多選擇，進入自我成長的領域。

人生好難，但不是生活的第一順位，漩渦的中心點是自己，我們擁有自由讓它變得有趣，主動創造想要的選擇。

何必管別人怎麼看，反正也沒人看
精神生存的28個心理原則

作　　者：林仁廷
插　　畫：沈佳薇、蔡靜玫
特約編輯：黃信瑜
圖文整合：洪祥閔
責任編輯：何　喬
社　　長：洪美華
出　　版：幸福綠光股份有限公司
地　　址：台北市杭州南路一段63號9樓
電　　話：(02)23925338
傳　　真：(02)23925380
網　　址：www.thirdnature.com.tw
E-mail：reader@thirdnature.com.tw
印　　製：中原造像股份有限公司
郵撥帳號：50130123 幸福綠光股份有限公司
初　　版：2020年12月
初版三刷：2022年 2 月
定　　價：新台幣330元（平裝）
ISBN：978-957-9528-98-6

總經銷：聯合發行股份有限公司
新北市新店區寶橋路235巷6弄6號2樓
電話：（02）29178022　傳真：（02）29156275

國家圖書館出版品預行編目資料

何必管別人怎麼看，反正也沒人看／林仁廷著 -- 初版 . -- 臺北市 : 幸福綠光 , 2020.12
面；　公分

ISBN 978-957-9528-98-6 (平裝)

1. 成功法 2. 生活指導 3. 自我實現

177.2　　109018157

新自然主義

新自然主義